WILD RIDE

Inside Uber's Quest for World Domination

未来公司

卡兰尼克和他的Uber帝国

[美]亚当·拉辛斯基◎著
徐彬　姜文涵◎译

中信出版集团·北京

图书在版编目（CIP）数据

未来公司 /（美）亚当·拉辛斯基著；徐彬，姜文涵译 . -- 北京：中信出版社，2018.3
书名原文：wild ride
ISBN 978-7-5086-8512-0

I. ①未… II. ①亚… ②徐… ③姜… III. ①高技术企业－企业管理－经验－美国 IV. ① F279.712.444

中国版本图书馆 CIP 数据核字（2017）第 322046 号

未来公司

著　　者：[美] 亚当·拉辛斯基
译　　者：徐　彬　姜文涵
出版发行：中信出版集团股份有限公司
（北京市朝阳区惠新东街甲 4 号富盛大厦 2 座　邮编　100029）
承 印 者：北京诚信伟业印刷有限公司

开　　本：880mm×1230mm　1/32　　印　　张：9　　字　　数：160 千字
版　　次：2018 年 3 月第 1 版　　印　　次：2018 年 3 月第 1 次印刷
京权图字：01-2018-0361　　广告经营许可证：京朝工商广字第 8087 号
书　　号：ISBN 978-7-5086-8512-0
定　　价：49.00 元

目 录

Wild Ride

推荐序

Wild Ride

吴伯凡

《伯凡时间》创始人，著名学者

成功的创业往往有一个共同特点：早在正式注册一家创业公司之前，创业者已经不自知地启动了创业。你在正式创业开始之前种种看似没有明确目标的作为，种种看似没有结果甚至遭遇惨败的努力，都可能是在悄无声息累积你的“底子”。换言之，看似“从 0 到 1”的成功，放大来看常常是从 0.1 到 1。你的创业之所以失败，很可能是因为你完全从 0 开始，没有不自知地打“底子”，或者说积下的“阴德”不够。但这不要紧，很可能这种失败在悄悄汇入你还不知道的未来的成功中。

遭遇失败的创业者很容易把自己的失败看作“满盘皆输”，从而觉得自己一无是处。其实你很可能只是输在某些环节，或者说，成功需要太多的要素，而某些你不知道的要素的缺项导致了你的失败。随着时间的推移和场景的变换，那些缺失的要素悄悄出现，不合时宜的产品和服务突然恰逢其时，横空出世。

优步的创业史就是一个生动的例子。

熟悉互联网历史的人一定记得当年 Napster 悲壮失败的故事。肖恩·范宁创办的网站 Napster，是最早的免费共享音乐网站（CD 转换成 MP3 格式后交换），因为涉及侵权等问题，被唱片公司控告，一个红红火火的音乐分享网站轰然倒下。

今天我们才意识到，Napster 正是共享经济的渊薮。

细究起来，Napster 并不是凭空创造的。它可以追溯到优步创始人特拉维斯·卡兰尼克第一次创业时做的 Scour。1997 年，互联网兴起，当时在个人电脑上还没有防火墙一说。加州大学洛杉矶分校宿舍中，所有安装 Windows 系统的电脑都在同一个网络系统当中，相互关联。令人震惊的是，电脑的默认设置不光能让用户彼此间相互交流，还能不输密码就实现所有用户文件共享。

所以，有计算机专业的学生在想，如果能开发一种程序，可以在所有关联的电脑中自动搜索音乐和其他多媒体文件，然后再为搜索结果做好索引，一定会大受欢迎。于是，Scour 诞生了。

Scour 网站十分简单，又易上手，它能识别并列出网上可用的音乐文件。对于一群渴求最新音乐却因手头拮据只能买几张 CD 的大学生而言，这一网站无疑带有致命的诱惑。这是“平台”

模式的雏形，利用他人的资源获取自身的商业利益，后来的优步不过是 Scour 的翻版，只不过音乐换成了汽车。

特拉维斯·卡兰尼克带领 Scour 不断壮大。然而，几乎所有颠覆性技术产业都会面临创新者的窘境。对手会注意到你现有产品的弊端，然后自己找到破解良方，稍作创新，就能取得显著成效。

Scour 允许用户查看其资源库的音乐储备。然而，用户若要播放想听的歌曲，则需要请求访问。其间就会触发文件传输，经由互联网从一位用户传给另一位，这不仅需要传输时间，而且访问量一旦过大，另一端就会直接崩溃。

一位叫肖恩·范宁的 Scour 用户，想明白了 Scour 遗漏的一环。于是在 Scour 建立 18 个月后，1999 年 5 月，肖恩·范宁创立了一个更完善的音乐分享平台——Napster。歌曲在播放的同时可以自动共享到每个用户。就这样，Napster 一炮而红，甚至成了文化交流的一部分。

共享经济的本质，是激活大量的冗余产权，把因信息隔离而出现的大量闲置所有权唤醒，成为丰富的公共资源，同时又不触动原有的产权归属。资源总量（所有权）并没有增加，但社会可利用的资源（使用权）成倍增加，从而在大大增加公共福祉的同时，也增加产权所有者的收益。

共享经济是技术与商业模式双重创新的产物。

我们知道，所谓创新，就是建立新的生产组合，让既有的资源借新的生产组合实现巨大产出。换言之，创新就是建立一个新的方程式，把既有的资源作为常量“代入”这个新方程式，获得一个大得惊人的“得数”。

共享经济就是一种神奇的新方程式。我们在很多看似无关的领域也能看到共享经济的影子。

比如说，在很多小区都能看到的快递柜，就包含着共享经济的原理。想象一下，如果是每家都有一个专用快递柜，那将是一个空间占用到没有可行性的大柜子。但现在我们看到的快递柜并不大，使用起来很方便，原因就是它是给用户动态分配格子，以使用权代表所有权，以少量的资源满足了大量用户的需求。

这本书提到了一个很有意思的观点：颠覆性技术和商业模式将导致贫富不均越来越严重。其基本逻辑说起来也不复杂。

颠覆性应用的杀伤力巨大，但成本也相当高昂。创意诚可贵，但创意变成在技术上可操作的“发明”，需要消耗大量的资本，包括许多悄然沉底的发明所消耗的资本。许多发明在技术上看起来挺美，在商业上却血本无归。从发明到创新，要经过一次次试错、淘汰、迭代。我们看到的成功的产品和商业模式，不过是失败的弥天大网下的“漏网之鱼”，是用巨大的成本赎出来的。

这是一个小玩家玩不起的大游戏。小玩家也可以加入游戏，但其微薄的本钱决定了它们稍有闪失就会永久性出局，而孕育颠覆性创新的大游戏总是包含一轮接一轮的批量淘汰，遭遇“闪失”也就成了一种宿命。这有点类似于赌客和赌场的关系。资金供给的巨大差异，从一开始就决定了二者之间是不对称博弈。即使单次赌局中不存在作弊，但赌客在随机性输赢中随时面临资金枯竭被强制出局的危险。

颠覆性创新具有赢家通吃的特点，其收益是巨大的，但颠覆性创新是多次博弈游戏，这也就意味着它是一个以巨大的资本供给为后盾的游戏。对于没有源源不断的资本来赋能、只是以自有资金来参与多次博弈的小玩家（散户）来说，“先驱成先烈”是其宿命。

在优步壮大的过程中，我们看到资本的力量。尽管优步现在仍然没有赢利，但并不妨碍它能持续获得资本的投入。

资本也会失败，可能 98% 的投入都会失败，但是只要有 2% 的成功，就能获得远大于 50 倍、100 倍的回报。光看贼吃肉，不见贼挨打，而资本的特点是挨得起打。收益与亏损其实是个概率问题。所谓“小气鬼”，其实就是没有概率思维的人。而他之所以没有概率思维，是因为他的资本量太小，一旦失手就一无所有，换言之，散户是一旦挨打就大面积猝死的蚁群。

没有赢利的优步为什么估值超过600亿美元？经济学中有个强网络效应的概念可以解释。优步一旦建立起强大的网络，不仅可以运送人，还可以做物流。优步在一些城市试点送餐服务，该项业务已实现赢利。同时，优步也着眼于未来，持续对无人驾驶进行投入，一旦无人驾驶技术成熟，就可以大幅度降低运营成本。

正如《从0到1》的作者彼得·蒂尔说的，商业模式心照不宣的目标都是实现垄断——大者恒大，强者恒强，尽管巨头公司在实现垄断之后往往尽力掩盖和稀释自己的垄断色彩。这是一个充满诱惑的目标，当然也就意味着一个艰难、周折和危险的旅程。这本书，就是以优步为例，讲述了这样一个旅程，读来让人兴奋，中间又夹杂着沮丧和惊悚。最重要的是，它能刷新我们对于创业成功和失败的种种常识和偏见。

Wild

01

比特与原子

优步是“零工经济”下的领军者，它机智地把公司技术与他人资产（汽车）及劳动力相结合，付给他人独立承包人的费用，而不必在员工补贴上花费更多。

Ride

特拉维斯·卡兰尼克坐在由私人司机驾驶的黑色奔驰车后座上，汽车载着他在拥挤的北京街头穿行。当时正值 2016 年盛夏，北京空气闷热，一丝风都没有。近三年来，卡兰尼克作为世界上最具价值的初创公司优步（Uber）的首席执行官，每三个月都要来华一次。一次次从旧金山本部出发造访中国，目的是在这个世界上人口最多的国家，复制优步颠覆性的打车服务在全球其他国家取得的成就，但是这一策略既烧钱，又不切实际。

卡兰尼克此行的前三天一直待在天津。天津是坐落在渤海海滨的一座特大城市，距离北京大约两小时车程。他在天津担任世界经济论坛新领军者年会（又名“夏季达沃斯”）的联席主席。在 40 岁生日前几周，卡兰尼克作为响当当的成功人士，在当地切身体会到了自己新近确立的世界地位所带来的巨大益处。他创办优步不过 6 年左右，却在国际会议上得到了中国国务院总理李克强的大加赞赏。卡兰尼克还现身了由中国和西方国家主持人联合主持的世界经济论坛小组会议。在私人晚宴上，他跟企业界的同僚聚在一起，兴致勃勃地摊制中国传统煎饼，同坐的还有负责优步在天津当地运营的经理。这些企业界的同僚中还有雷军，他在中国创立了极具价值的智能手机制造企业——小米。雷军偏爱大胆论断，其公司销售廉价手机的商业模式也备受争议，这一切让他在中国家喻户晓，就像卡兰尼克闻名于世界其他国家或地区一样。

卡兰尼克此行实际已经大获成功，至少从中国及国际媒体对他的正面报道来看是这样。中国国务院总理李克强提倡创业精神，还用英语称赞卡兰尼克是一名“先驱”，这一花絮是优步中国的工作人员向当地媒体提供的。事实上，卡兰尼克此行说的每一句话，都足以登上报纸的头版头条。在世界经济论坛的一次“炉边谈话”中，当被问及无人驾驶汽车是否会逐渐淘汰现有车辆时，卡兰尼克表现出自己无厘头的一面，他面无表情，冲着这位提问的仰慕者给出了颇具争议的回答：“到时候你有辆车可能就会像某些人有匹马一样，你懂的，可以在周末开出去玩玩。”话里尽显俏皮，透着漫不经心和自吹自擂。

然而，在卡兰尼克乘私人轿车离开天津，启程去往北京的路上，他的自得与喜悦被紧张感所代替，事实上，他正面临严峻的危机。他同来自两大洲三个国家的优步经理开了电话会议，有的从美国旧金山打来，有的从韩国首尔打来。有两名经理则跟卡兰尼克一起坐在车里，这两人对于优步的亚洲战略都很关键。其中一名是优步的首席业务官埃米尔·迈克尔，他是卡兰尼克的左右手。在这次重要的商务之行中，卡兰尼克委派他负责高风险且极其机密的谈判，即将优步的中国业务出售给其最大的竞争对手——滴滴出行。另一名经理是优步中国区战略负责人柳甄，她也是优步在中国最出名的员工。柳甄的堂姐柳青，此前在高盛集团任职，现在任滴滴出行总裁，柳青的父亲是电脑巨头联想集团的创始人柳传志。

此次电话会议意在讨论卡兰尼克第二天一早是否应该按计划去首尔，赴一场极为不寻常的约。2014 年末，一位韩国检察官起诉卡兰尼克，称其应该对韩国政府指控优步的非法出租车业务负责。该服务是优步在美国十分流行的 UberX，即由非专职司机用自己的车来搭载乘客。卡兰尼克同意出庭接受质询。经过与韩方检察官漫长的谈判，优步的法律团队想出了对策，那就是让卡兰尼克认罪，承认行为失当。但这一罪名其实并不重，事后很快就可以被释放。

从法律的角度来看，在首尔出庭的风险并不高。检察官已经向优步方面的律师明确表示，卡兰尼克只会被判缓刑，并且保准可以离开首尔。这个结果在卡兰尼克本人看来也正好，毕竟他现在正乐此不疲地跟全世界的监管人员以及其他政府官员打交道。优步自 2010 年收到旧金山市的第一封禁令信以来，就跟各地的对手冲突不断，从西雅图到纽约、从巴黎到德里等等，而这一切往往还有好挑事的卡兰尼克在一旁搅局，要么在媒体面前发表煽动性的言论，要么发布不靠谱的推文。此外，韩国市场于优步而言并非至关重要，因为韩国国内有限制性法律，只允许优步高端豪车版的轿车业务。因此，优步公司解决此案，与其说是出于商业考虑，倒不如说是替卡兰尼克拔掉了一根既讨厌又尴尬的刺儿头。

然而，汽车在北京喧闹的街头穿梭的同时，卡兰尼克的内心却变得越来越焦躁不安。他担心原本很简单的诉讼程序会在韩国演变成自己口中的闹剧，于是他一次次地询问他的公共关系及法律顾问，如果当地媒体获知他这个叛逃者抵达首尔会造成什么后果。他希望此行的动静越小越好，而为了实现这一目的，优步租了一架私人飞机，在北京一处机场做好准备，躲过媒体耳目，让卡兰尼克首尔之行来无影、去无踪。然而，还是有人（很有可能是检察官办公室的某位职员）漏出口风，称卡兰尼克可能在第二天现身。卡兰尼克为自己和优步设想了可能发生的最差情形：他本人戴着手铐、被押着走进韩国法庭的照片流出，而这一切就发生在他努力想在中国和亚洲其他国家或地区塑造自己光辉领导形象的时候。

一旦涉及维护卡兰尼克的个人形象，事无巨细。比如，卡兰尼克想知道法庭有几扇门，这样更有助于他了解有效的撤离路线。他获得立即释放究竟是不是板上钉钉的事？他能悄无声息地通过民航终端管制区的海关吗？公司高管，甚至包括卡兰尼克自己都一直在讨论，可大家的观点莫衷一是。讨论一度激烈的时候，卡兰尼克让首尔的一名员工“别打断他”，该员工是优步亚洲的高级业务发展经理。

几个小时后，卡兰尼克决定跳过庭审，并且第四次让其韩国律师申请延期，这是经过权衡之后走的一步险棋。激怒韩方法官或许会让卡兰尼克在韩国永远得不到欢迎，但这步险棋也有回报，至少会有短期回报。韩国媒体简要报道了卡兰尼克未出庭的新闻，而包括美国在内的其他国家则完全忽略了这一事件。数月之后，该案也没了新动态，除非优步判断在韩国的业务值得再投入，否则这个案子也不会有什么进展了。

与此同时，优步的随行人员抵达北京，入住金碧辉煌的香格里拉大酒店。酒店旁是一个会议中心，卡兰尼克将在那里与会并致辞，该会议的主办方是中国互联网公司网易。彼时卡兰尼克跟同事正窝在自己的房间里开电话会议。而另一边，在聚光灯照耀的大厅里，扬声器吱吱地响着，上千名中国互联网公司的年轻员工正在等候。

尽管优步在中国面临的形势并不乐观，但是对于中国年青一代的网络通来说，卡兰尼克也算是偶像了。技术人员痴迷于有关数字化和创业的一切事物，因此他们对优步在全球取得的成就以及它在中国下的功夫一清二楚。尽管在中国本土，滴滴胜过优步，但优步也确实挖得一块巨大的市场，卡兰尼克于在场的人心中也算是牛人。大厅里挤满了人，大家心中抱有怀疑，但又对卡兰尼克的特立独行和出了名的坚持不懈充满好奇。他们不知道优步就快要放弃在中国的业务，也不知道在首尔有可能被捕一事给卡兰尼克的精力造成了多大损耗。大厅的空气中明显弥漫着兴奋的气息。

然而，对卡兰尼克而言，这不过是一场演讲，演讲过后，再在台上接受当地记者用地道的英语进行的采访而已。台下，与会人员摆弄着同声传译设备；台上，这位优步首席执行官踱着大步。他身着清爽的灰色西装，露出白色的衬衣领，当天早上他会见中国总理时穿的也是这一身。几个月前，卡兰尼克出席了在温哥华举办的 TED（美国一家私有非营利机构）活动，并发表演讲。此次讲话的内容就是温哥华演讲的精简版本，其间还附带展示了他的家乡洛杉矶郊区的照片。不过，他这番讲话也专为中国观众增加了一部分新内容，即优步中国经营了三年的商业模式已经有所更新，现在服务范围涵盖了中国 60 座城市。在演讲后进行的简短问答环节，有人问卡兰尼克是否会在意优步在中国市场屈居第二，毕竟在世界其他国家优步几乎都占据了领头位置。他笑笑，没有正面回答："我更愿意这样去看待这个问题，我们的工作就是为司机和乘客提供更上乘的服务。如果优步最终实现了这一点，那它自然就会吸引绝大多数乘客。当下我们确实还有许多工作要做。"当有人直接问居于首位的滴滴出行的问题时，卡兰尼克又岔开话题，答道："理想的状态就是我们为乘客提供更优质的服务，而大部分乘客属于我们。"

时间已临近傍晚，卡兰尼克有些累了，而且比起让中国互联网界信服优步有能力战胜滴滴出行，他脑子里还有更重要的事。在会场只待了不到 20 分钟，卡兰尼克就匆匆离开大厅，回到附近的宾馆去处理韩国那头的僵局。

第二天，在华丽的北京瑰丽酒店吃早餐时，前一天笼罩在卡兰尼克头顶的紧张气氛烟消云散。既已决定取消首尔之行，他决意让一切都顺其自然。卡兰尼克好好休息了一个晚上，整个人也更放松，他剃了胡子，穿上更符合自己日常着装习惯的牛仔裤和 polo 衫。他还自称已经完全从那片阴云中走出来了，并且不会受到干扰。他告诉我，反复跟政府协商是必要之举，自己也尽责地执行了相应的步骤。在卡兰尼克看来，优步的整个商业模式就是要挑战陈旧的法律，这些法律无非是为了维护固有利益，并且还会阻碍创新发展，消费者从中并无获益。比如说，出租车牌照和固定价格，就限制了车辆供应，还导致打车费居高不下——这两点对乘客而言都是不利的。对卡兰尼克而言，与眼中不公正的事件抗争似乎成了其工作的一部分。卡兰尼克认为自己是一个追求真理的人。

那个夏日清晨，天气还算不错，鉴于卡兰尼克原本决定当天一早偷偷乘飞机到韩国，此刻他的日程表难得清闲，只需要在第二天抵达下一站——杭州。他吃完蛋饼，就坐在电脑前，打算看看自己“能整出什么幺蛾子”，这是他的原话。

就在那一刻，卡兰尼克开始向我讲述他的故事。过去两年，我耗费大量时间，一直试图说服这位总裁配合我，完成一本有关优步的书，但他一直不大情愿。近 20 年来，我作为《财富》杂志旧金山部门的编辑，撰写内容涵盖了硅谷的顶尖公司，我还在 2012 年写了一本关于苹果公司的书。其间我和卡兰尼克的联系时断时续，他在不断推托后，态度终于缓和下来。不论他配合与否，我都打算要写这本书，卡兰尼克最终还是决定说点儿什么，而不是保持沉默。几周前，他邀请我随他一同前往中国，因为这个国家在优步的发展过程中有很重要的位置。还有一点卡兰尼克和他的顾问看得很准，那就是像这种远离公司本部的行程，中途往往会穿插现在这样的闲暇时刻，繁忙的总裁能有时间跟我交谈。

实际上，卡兰尼克话匣子一打开，就停不下来了。此次中国之行余下的几天里，谈话一直在继续，之后我们又一起返回旧金山。我们在各种场合谈话，比如，在去往海滨城市杭州的飞机上（这架飞机本该载着他飞往韩国的）。杭州一行，要会见优步中国的高级经理，还有阿里巴巴创始人、中国互联网的核心人物马云。我们还在去往杭州市郊度假酒店的面包车上交谈。7月中旬回美国之后，我们又一起在旧金山的街道上散步三小时，边走边谈。在那之后我们又进行了多次正式或非正式的谈话。

虽然优步的故事跟卡兰尼克的个人故事并不完全重合，但他确实是核心人物。创立优步一开始并不是他的主意，而且公司成立的第一年里他只参与了部分工作，那时的他刚从上一份工作中抽身，还没缓过劲来，正打算好好挑选下一份工作。但不管怎么说，卡兰尼克算是见证了优步的成立，还贡献了富有决定性意义的点子，这个点子源于别人一个有趣的想法，经过他的加工，变得极富创造性。之后优步开始施展魅力，业务范围逐步扩张到旧金山以外的地区。自那时起，他就已经是公司的铁腕总裁了。就这样，优步之于卡兰尼克，变得像微软之于比尔·盖茨，苹果之于史蒂夫·乔布斯，脸谱网（Facebook）之于马克·扎克伯格。

不论优步能否像那些老牌科技巨头那样变得强大无比、富有价值，其总裁已经成了很多人迷恋的对象，也是许多人讨厌的对象。短短的时间内，优步就从一个概念发展壮大成最大的一家独角兽（即私募估值超过10亿美元的创业公司，一度很罕见），其间卡兰尼克也在世界扬名，因为他冷酷无情，缺乏同理心，还总喜欢蔑视别人定的规则。在旧金山“社交型程序员”文化中，卡兰尼克应该算是名副其实的典范了（该文化是指在旧金山由男性主导的世界里，许多企业家之前都是工程师）。卡兰尼克创立公司的时候，年龄比盖茨、乔布斯和扎克伯格创业时都大，他投身这一行业的时候，该行业已经算是旧金山后互联网泡沫时代中第二稳定的了。

尽管卡兰尼克之前的事业屡屡受挫，他发展优步的时机却恰到好处。微软诠释了个人电脑革命，苹果为数字娱乐书写了新篇章，脸谱网又创造了21世纪最强劲的信息发布平台，身处这样一个时期，在信息技术产业下一波浪潮需要具备的所有属性方面，优步刚好是一个完美的例证。优步是应手机而生的，如果没有出现iPhone，也不会诞生优步。优步刚一起步，业务范围就几乎遍布全球，与过去那个打包软件和笨重电脑盛行的年代相比，这样的发展速度简直不可想象。优步是零工经济下的领军者，它机智地把技术与他人资产（汽车）及劳动力相结合，付给他们独立承包人的费用，而不必在员工补贴上花费更多。随着优步一步步走向卓越，此类平台型公司也火了起来。爱彼迎（Airbnb），不需要拥有自己的房屋，通过出租房间来赢利。Thumback 和 TaskRabbit 这两家公司就是把找寻特定项目的工作人员和提供该项目的客户联系起来，公司本身不需要雇用员工。

2016 年末，优步走到了岔路口。此前它已经通过私募股权融资筹集了 170 亿美元，市值高达 690 亿美元，羽翼未丰的私人公司市值能达到这个数字确实是闻所未闻。在卡兰尼克乘车穿梭于北京的大街小巷，完成他这场狂热旅途的几周内，优步或因退出中国市场让其批评者和仰慕者都大为震惊。卡兰尼克本人此前已经在中国投入了大量精力，也怀有坚定的信念，更不用说他背后那些投资者的巨额资本了。近 20 年来，卡兰尼克一直保持着永不言败的企业家形象，然而此时，他却在中国挥了白旗，并且把原因归为实用主义。在宣布优步中国与滴滴合并的博文中，他这样说道：“作为企业家的一员，我懂得想要成功不仅要顺从自己的内心，还要听从脑袋里的想法。”

尽管出现过各种各样的麻烦，但优步确实在中国取得了进展。不出意外，公司当时应该可以在中国国内运营。可即便是这样，优步在中国每年还是会损失 10 亿美元，而把公司转卖给滴滴（让优步成为滴滴最大的股东，也让滴滴加入优步董事会），虽令卡兰尼克遭受了他职业生涯中最惨痛的失败，但同时也铸成了他最大的成就之一。忽然之间，他就把 20 亿美元的投资项目转变成一次豪赌，变成了仍处在上升期、价值 60 亿美元的中国企业滴滴的股份。卡兰尼克帮公司摆脱了在现金储备上遥遥无期的消耗，成功改善了优步的财政状况，这也为优步最终在美国首次公开募股打下了坚实的基础。

卡兰尼克本人也走到了岔路口。自打 20 岁起，这位企业家的形象就一直是争强好胜、行事粗暴，藏不住话。第一次创业，他像个没头苍蝇，使出浑身解数，仍避免不了失败。第二次创业，他创办了技术公司，用尽全力，小有成绩。创立优步后，他立身扬名，但这是有代价的。卡兰尼克是出了名的浑蛋，在大家眼里，他是一个既无情又蔑视权威的自由主义者。他因坚韧不拔为世人所敬仰，又因实施“自毁策略”而为世人谩骂。然而这些标签都不准确。卡兰尼克本人，以及他在硅谷亲近的追随者，都觉得他被误解了。

不过有一点毋庸置疑，即卡兰尼克现在是一个大型组织的首席执行官，年营业额达 60 亿美元，手下员工达万人。卡兰尼克本人也知道，现在不同于以往，他再也不能胡乱设计一个智能手机软件就让大众尝试，也不能不计后果地畅所欲言了。这位曾经习惯于依靠黑客手段来处理客户并不知晓的问题的企业家，如今已经站在了商业领域的中心。（2016 年下半年，当选美国总统的唐纳德·特朗普提名卡兰尼克加入“战略与政策论坛”，该论坛共 18 名成员，是总统的商业顾问团队。特朗普后来针对 7 个主要的穆斯林国家采取旅游禁令，此举激怒了优步员工和客户。总统就职典礼后没几天，卡兰尼克就退出了顾问团队。）当下，智能手机盛行，资本易得，计算机科学家追求多年的人工智能得到应用。卡兰尼克和优步的故事为世界打开了一扇窗，让人们能够了解到目前商业领域最主要的发展趋势。本书旨在介绍这家划时代的公司及其特立独行的首席执行官。卡兰尼克既有浑蛋的一面，也有被误解的一面，虽说本书不太可能填补这两种形象之间的鸿沟，但可以解释卡兰尼克和优步是如何发展到今天这一地步，以及如何迈向成功巅峰的。

我第一次见到卡兰尼克是在 2011 年 7 月，当时他刚出任优步总裁不到一年，公司规模还很小，只有几百辆豪华轿车的车主注册并使用该软件，而且只局限于旧金山地区。然而，即便在那时，作为旧金山正在发展壮大的创业公司，优步也已经初露锋芒。当时距离优步采用一家竞争对手的策略，让普通民众用私家车注册优步软件来赚钱，还有两年时间。虽然优步当时已经很炫酷，并引发了热潮，但尚未实现爆炸式发展，也还不是世界上估值最高的创业公司。

那次会面，时年 34 岁的卡兰尼克讲述了他的职业生涯。他是洛杉矶人，曾在加州大学洛杉矶分校攻读计算机工程专业，后来中途辍学，在几名同学创办的 Scour 公司工作。Scour 公司是纳普斯特（Napster）① 的雏形，娱乐行业的许多公司很快便起诉 Scour，致使其破产。卡兰尼克再度充分利用 Scour 公司文件共享的理念，创立了 Red Swoosh，本着“把诉讼当事人转变为客户”的想法，开发点对点软件，让娱乐公司合法使用该软件。6 年后，他又把公司卖给 Akamai（优步在软件领域的首要竞争对手），交易所得刚好足够卡兰尼克加入旧金山的企业家俱乐部。这个俱乐部的企业家们，都刚刚完成“退出”，将一部分钱变现塞进了自己的腰包。

在那次谈话当中，卡兰尼克还跟我讲述了优步的起步过程。这是事后渲染出的传奇事迹，硅谷几乎每家成功的创业公司背后都有这样一个故事。那是 2008 年的一个雪夜，卡兰尼克跟好友加里特·坎普站在巴黎街头，一辆车都打不到。当时加里特心想，要是能只按下手机的按键就能叫来出租车就好了。卡兰尼克

① 纳普斯特是一款可以在网上下载自己想要的 MP3 文件的软件。它同时能够让自己的机器也成为一台服务器，为其他用户提供下载。

说："这个点子是加里特想到的，我考虑的是商业架构。"

三年后，优步已经深受年轻乘客的喜爱，他们大多是男性，而且跟卡兰尼克和坎普一样，为这种颠覆性力量而疯狂：只需按下智能手机屏幕上的按键，就会有辆林肯城市汽车出现在自家门口。考虑到未来的某天，优步跟其注册司机的关系可能会引发争议，卡兰尼克在 2011 年中的某天，坚定地表明了自己对优步司机的爱，称无论他们何时拜访公司总部，都会拥抱他们。"每当有司机到这儿（位于旧金山的不起眼的优步办公室），我都会说'拥抱一下吧'。"他还讲述了公司遭遇的第一次危机，那是在 2010 年秋天，旧金山市给优步下了禁令。当时优步还叫 UberCab，公司断定旧金山市对此没有管辖权，原因有二：其一，优步只是一个技术平台，旗下没有汽车，也没雇用司机；其二，公司的"业务伙伴"开的是豪华轿车，而非出租车。卡兰尼克说："所以我们就把公司名字中的'Cab'删掉了。"对于旧金山市禁止优步出租车业务的要求，公司当成了耳旁风。

2011 年夏天，卡兰尼克信心满满。那时优步已经在纽约成功运营，还打算进一步开拓西雅图、华盛顿特区、波士顿以及芝加哥市场。他吹嘘说软件中先进的数学运算，能为乘客精确地计算出轿车的到达时间。优步"数学部门"（卡兰尼克自己的叫法）的成员包括一名计算机统计员、一名火箭专家，还有一名核物理专家。他告诉我，这些成员正在运行高斯过程模拟（一种精心设计的统计模型），以改善谷歌地图中的现有数据。卡兰尼克还说："优步的运算比谷歌高级多了。"

那是我第一次切身感受到卡兰尼克超乎常人的自信。当时，我为优步市场发展提了一个建议，这源自我刚用优步把临时保姆送回家的一次经历。软件十分便捷，我只需在线上用信用卡支付，还能在手机上实时监控轿车行程，确保保姆平安到达目的地，这一切足不出户就可以完成。[1] 我坚信其他家长也很乐意这么做，于是提议优步把软件推向该市场。卡兰尼克本可以对这一提议一笑而过，而他不但没有，还明确表示自己不感兴趣，因为这个提议跟他心目中预设的优步形象不符。他认为优步提供的是一种"贵族"服务，让像他一样富有的单身男子能在高端奢华的体验中畅游城区。那时候优步的口号还是"成为每个人的专属司机"。为家长提供接送临时保姆的服务，未免也太没品了。

此后，我会趁卡兰尼克在旧金山外出走动时跟他闲聊，有时在 Battery（优步光鲜亮丽的餐饮部，由地震前的一座大理石磨坊改造而来），有时在行业会议上。有一次吃自助早餐，在取餐处排队时，我对卡兰尼克说，我喜欢优步，但觉得让一辆豪华轿

① 美国青少年有时会做临时保姆，相当于一种社会实践。雇主一般会关照临时保姆的出行安全。——译者注

车载着我四处跑没什么必要，也不喜欢这样。他让我先别急着下判断，一项名为 UberX 的新服务即将上市，到时候我对优步的态度自会改观。

优步风靡全球之后，我在 2014 年初给卡兰尼克写了封邮件，告诉他我希望写一本关于优步的书。很快，他就做出答复，回信很符合他的风格。他写道："我本人很喜欢您的作品，您愿意为优步写一本书我深感荣幸。不过，依我看现在还不是时候。我不知道您的态度如何，是不是非写不可，不过我会告诉所有员工不予配合。如果您仍然坚持要写，那我就会再找位作家，并全力为他提供素材，完成一本更权威的书，与您的作品竞争。我本人不是很想这样做，但如果您执意如此，我恐怕就不得不采取行动了。"邮件以"谢谢"结尾。

我倒觉得这是个不错的开始，至少看到了卡兰尼克真实的一面。不同于许多其他公司的总裁，他没有很官方地回复我等时机合适了再做商讨，而是直白地威胁我，如果胆敢无视他的警告，他就能让我的作品无人问津。

我一直和卡兰尼克保持着联系，后来他终于改变了想法，愿意与我合作。随着优步逐渐发展壮大，其社会声誉也越来越两极化，尤其是公司做了不少错误的决定，导致许多司机和乘客都讨厌优步。此外，在优步运营的地区，一些背后有充足资金支持的竞争者不断涌现，其中就包括美国的 Lyft（来福车）和 Juno、欧洲的 Gett、中国的滴滴、东南亚的 GrabTaxi，以及印度的 Ola。这些公司都募集了充足的资金，有的投资者也投资了优步。卡兰尼克和手下经验丰富的顾问慢慢意识到这样一个问题，他本人争强好斗的性格已经让太多原本支持他的人动摇了态度，这些人包括投资者、政府官员、司机，潜在的以及现有的乘客。在美国城市中，拒不使用优步，到处传播优步战略粗暴、对女性乘客不尊重等现象再正常不过了。卡兰尼克或许最后会决定向我讲述他的故事，但就我而言，那可不单单是他的故事。我还会接触优步的其他高管，不过，有关这些人的事迹只能由我转述。

跟其他公司一样，优步还在发展之中。虽然才成立短短几年时间，优步已深深根植于时代精神之中，还成了精英企业的一员，"优步"二字可以直接用作动词：没必要自己开车去，优步过去就行。

乘客之所以这么快就能接纳优步，正是因为它极易操作。每一次优步开辟新的市场——到 2016 年底，其业务已经覆盖全球 73 个国家的 450 多个城市——用户都会怀着对信仰的热忱讨论他们的新发现。优步的情况，不同于推特的反对者，有些人尝试了推特的服务后，看不出这有什么用；也不同于对 Snapchat（阅后即焚）持怀疑态度的人，那些人自认为太老了，学不会这一技术。只要是生活在城市或城市周边的人，都会被优步深深吸引。新用户安装好软件，输入信用卡信息（有个人信用卡和商务信用卡可供选择），就可以叫车了。软件可以识别出叫车地点，因为用户的智能手机上有 GPS（全球定位系统）芯片（和其他的传感技术），可以实现定位。优步还利用该技术识别距乘客最近的司机。很快，乘客就习惯于下车后再完成支付，因为优步会自动从卡里扣费支付给司机。虽然大家现在都习以为常了，但是许多人第一次用优步打车时都感到十分神奇——过去下车时还得翻找现金，或是请司机接受信用卡支付的日子终于一去不复返了。

尽管优步一开始只是为了迎合城市居民的需要（即衣着时髦在路边打车的高收入群体），但它其实对用户人群没有什么预先设定。该软件对单身女性的吸引力很大，因为行程安全，还可监控。即便是年长的乘客也能像青少年一样无障碍地使用软件。UberPool 提供拼车服务，人人都能负担得起费用，只比公交车费贵一点。优步甚至还有理有据地称其服务会造福社会，比如，可以有效地缓解酒驾问题。优步还机智地利用了公众对于退伍老兵待业在家一事的愤怒情绪，设计了一个应用程序，雇用退伍军人做司机。5 万多名退伍军人报了名。

优步还为帮助社会实现其他转型做出承诺。比如，它摒弃了陈旧的出租车无线电调度系统，代之以基于算法的乘客请求与可用司机匹配系统。一些出租车公司也开发了自己的应用程序来应对优步此举。在优步被广泛使用的大城市，匹配系统带来的便利无法比拟，一些高级用户甚至冒出了之前不曾有过的想法：人们或许没有必要买车了。此外，优步还提供拼车服务，希望可以消除交通堵塞的现象。如果很多人不再购车，而选择跟他人拼车，那么至少从理论上讲马路上的车会少一些。要是自动驾驶车辆的愿景成为现实，加之优步在技术上的大力投入，就有可能首次实现自有道路以来不那么拥挤的情况。

话虽如此，如果真听信了优步的宏大承诺，人们很容易得意忘形，而优步正频频这样做。汽车保有量并没有因为拼车业务或其他原因下降。根据美国人口普查数据，无车家庭的百分比从1960年的21.5%下降到2010年的9.1%，2010年正是优步创立的那一年。2014年该百分比与2010年持平。美国国内的驾驶执照普查数据也反映了类似的趋势：2014—2015年，驾驶执照的数量增加了400万。此外，皮尤研究机构在2016年的报告中称，尽管有多达51%的美国人听说过拼车概念，但其中只有15%的人用过类似于优步和Lyft的服务，还有33%的人对这两家公司完全不了解。调查显示，尽管优步对城市中年青一代的影响深刻，但是要说像它吹嘘的那样，引发了社会变化，还为时尚早。

优步确实给司机带来了机遇，只是机遇与挑战并存。要想成为优步的司机并不难（我在为本书做调查时，亲自体验了一回），而且这份工作还富有灵活性。想在闲暇的时候赚点外快吗？打开优步软件，静候你的第一单生意即可。经济不太景气的时候，优步为生活拮据的家庭奉上了一根救命稻草。但与此同时，优步却又无情地降价，以锁定司机与公司的关系。结果导致司机不断流失，需要不停地招聘新司机。利用优步做兼职赚点啤酒钱倒是个不错的选择，但是要想通过这一平台全职养家，那可就不大容易了。

优步的黑暗面也越发凸显出来。仔细想想：你坐上了一名完全陌生的司机的车子，虽然优步不同于普通出租车，可以监控行程，但还是有点可怕。关于优步的讨论，永远是一枚硬币的两面：能够实时跟进行程确实让人舒心，但也有潜在的风险，即乘客可能会被跟踪。试想：乘客把家庭住址输入到优步软件当中，无疑是透露了自己住的地方（至少是向优步透露了这一信息）。事实上，只要优步司机因强奸罪被指控，全球的头条新闻都会跟进报道。早些年优步刚成立的时候，为了吸引司机加入，采用了波浪式价格策略。懂得供需关系原理（供不应求，价格上涨，进而刺激供应增加）的人就会明白，优步此举势必惹怒乘客，进而被乘客疏远，因为他们不得不面对激增的价格，尤其是在暴风雪及其他恶劣天气情况下。（而卡兰尼克只是让乘客不要抱怨，这根本就是火上浇油。）其实，自优步逐渐发展壮大起来之后，公司每次有动作，总会招致争议。很快，优步在人们眼中就从特立独行沦为藐视法律。司机很快也不再因为优步给自己提供了赚钱的门路而感激，转而抱怨起报酬下降，没有完善的员工福利。（加利福尼亚州和马萨诸塞州近 40 万名司机参与了集体诉讼，起诉优步，优步最终妥协，愿以 1 亿美元平息这场纷争。不久后，一位联邦法官驳回该决议，延期审理。）这一切始于 2013 年中，那时 UberX 刚刚推出，大约运营了两年。

故事的核心当然还是特拉维斯·卡兰尼克，是他定义了 21 世纪第二个 10 年科技行业的企业家应该是什么样子。卡兰尼克不同于硅谷老一辈亿万富翁，优步也不同于其他科技公司。谷歌、脸谱网、推特等都是单纯的互联网公司，其产品也只停留在数字形式。而优步从创立之初，就不单单是互联网技术公司，还融合了实体元素，即汽车。卡兰尼克要想把公司运营好，既需要掌握新的计算机科学，又得精通传统的产业经济学，其中包括物流知识。

优步及其总裁的事例，甚至让成功的投资者都开始思索形势的变迁。俄罗斯的尤里·米纳尔由物理学家转行做投资人，他曾在脸谱网成立之初就投资两亿美元，这后来给他带来了数十亿美元的收入。他认为："投资关键在于模式识别，事实证明优步的业务模式完全不同于以往。”他还说：“优步刚起步的时候，我还感觉似乎大部分‘纯互联网’公司，能建的都已经建成了。这种单一模式持续了几年，其间没有受到任何实体世界、政府机构或是公众的干扰。之后就出现了这种新的商业模式，线下、线上都运营。这种模式需要缔造者不同于往常，他必须有能力与外界沟通。特拉维斯确实是名战士。情况已经大不同于从前了。”

卡兰尼克需要发明一种语言，来解释推动优步发展的自相矛盾的动因。用他的话说，是“比特与原子”，即将软件与物质世界结合起来。在这方面，他本人就是个活生生的例子：高中时他只是个爱跑步的数学迷，还是个喜欢跟酷酷的孩子玩耍的怪才，同时又是能言善辩的电脑工程师。

对卡兰尼克而言，迄今为止，优步也是他作为企业家取得的顶尖成就，占据天时、地利，当然还包括此前的一切成败。阿卡迈的总裁保罗·萨根，曾买下卡兰尼克的 Red Swoosh 公司，他注意卡兰尼克已经有几年了。他还把卡兰尼克称为众多硅谷企业家中的“金发女孩”①。萨根评价道：“卡兰尼克第一次创业用力过猛——Scour 公司就好像激情四射却又转瞬即逝的流星。第二次创业则力度不够——创办 Red Swoosh 完全是一厢情愿，做不成

① 该称呼源自《金发女孩和三只熊》的寓言故事，寓意做事要适度，过犹不及。——译者注

大事业。优步呢，刚刚好。”

当然，“刚刚好”只是保守的说辞。硅谷最不缺的就是奋斗者、梦想家以及唯利是图的人。他们坚信自己能改变世界，坐拥数不清的财富，还会凭自己的创新和颠覆能力名垂青史，在虚拟世界的纪念碑上留下浓墨重彩的一笔。然而，这其中极少有人能成功。风险投资人很清楚这一点：投资 10 个人，哪怕只有一人成功，他们的投资也算相当圆满了。这意味着投资人会坦然接受其余 9 人失败的事实。

不论未来将发生什么，优步目前已经克服了这些困难。公司当前的业务具备实体性、全球性，有时还会带来高盈利，而且已经给出租车公司和租车机构带来了巨大损失。按照这个或多或少由他自己编写的剧本演绎剧情，卡兰尼克自己也是克服了重重困难。虽然卡兰尼克跟史蒂夫·乔布斯、比尔·盖茨，还有马克·扎克伯格一样，也在大学辍学，但又不同于他们，卡兰尼克先是狠狠地品尝到了失败的滋味，才尝到小有成就的甜头。虽然他闯入世界舞台的时候，要比那些笨拙的青年人更加成熟，但他的性格仍旧棱角分明，其野心或许更甚。跟许多伟人一样，卡兰尼克这一路走来绝非一帆风顺，优步能长期占领预选市场也绝非天注定。事实上，2017 年的前几个月，卡兰尼克几乎每天都要面对一个新冒出来的危机：公众抱怨优步工程师团队的性别歧视十分严重；他自己出现在一段视频中，怒斥优步的老司机；谷歌无人驾驶汽车部门起诉优步诈骗；优步被揭露利用软件耍花招，非法运营，却躲过了执法部门的检查。

尽管存在诸多问题，优步的故事仍算得上这个时代的神话：它代表了技术的强大变革力量，反映了长期就业的变化无常，还讲述了一种可能性，即在硅谷和类似优步的虚拟社区，完全有机会把好斗、勇气与智慧转变成丰厚的财富。

Wild

02

宿舍里的创业者

团队尽管在业务方面经验欠缺，但是在给公司命名上倒很有一套。他们想到了 Scour，用它来描述这个能在全网搜索 MP3 文件（后期甚至还能搜索视频文件），还能筛掉无用信息的工具，真是再亮眼不过了。

Ride

20 世纪 90 年代中期，加州大学洛杉矶分校以其诸多亮点闻名于世。学校坐落于洛杉矶的 Westwood 街区，校园里总是洒满阳光。学校橄榄球和篮球队常常是大学生联赛的冠军争夺者。学校还坐拥一流的电影学院，就在好莱坞的后院，十分方便。其医疗中心更是达到世界级的水准，主要是得益于南加州医疗护理的充沛资源和良好声誉。然而，加州大学洛杉矶分校有一样事情不太在行，那就是没有成为电脑奇才创办科技公司的温床。计算机科学的研究重镇位于向北 350 英里（1 英里相当于约 1.6 千米）的硅谷，研究中心是位于帕洛阿托的斯坦福大学。斯坦福大学的校友杨致远和戴维 · 费洛创立了雅虎，汇集可搜索的网页，反响极佳。拉里 · 佩奇和谢尔盖 · 布林是斯坦福大学的研究生，他们研究的算法后来演变成了谷歌。世界上风险投资领域的领军人物几乎都在门洛帕克的沙山路上有自己的办公室，那里距斯坦福大学校园只有几分钟的路程。该选址绝非偶然：投资者看到了其中的价值，因为可以跟斯坦福大学里备受仰慕的计算机科学与工程学院的人为邻，这些人会想出值得投资的点子。

不过，也不能说加州大学洛杉矶分校在这方面毫无建树。数十年来，学校培养出了众多火箭科学家以及其他领域的工程师，专为“二战”后方兴未艾的国防和航空航天产业服务。而且，学校也宣称其计算机专业的历史独具特色。1969 年，计算机科学家在学校的工程大楼 Boelter Hall 工作，用政府资助的通信网络 ARPANET 发送了史上第一条信息。网络上两个节点的传输一经完成，互联网就此诞生，而接收端的节点恰恰就在斯坦福大学。

25 年后，网络有了新的进展——万维网，促成了大量有利可图的商业机会。对于加州大学洛杉矶分校计算机专业的本科生而言，那段风光无限的历史无非是茶余饭后的谈资。年轻的软件程序员们清楚一点，那就是他们很享受彼此受聘的独树一帜的公司，而且能有去处供大家时常聚聚也很不错。这一去处正是学校的本科生计算机科学协会（UCSA），就位于 Boelter Hall。20 世纪中期该协会的成员迈克尔 · 托德解释道：“这个地方有点像俱乐部，志趣相投的同学可以在课余时间到这儿放松自己，一起玩玩游戏，谈谈与计算机相关的话题。”托德回忆道，成为协会成员还能为个人简历增色不少，因为这能向其未来的雇主传递一个信号，即硬件与软件知识在该求职者过去的生涯中举足轻重。

协会不仅有计算机设备，还有混搭的长沙发，有点像兄弟会。而且由于年轻女性很少，兄弟会的氛围更是浓厚。很快，本科生彼此之间就培养出了深厚的情谊。伊利亚·海金森的家人在他小时候从莫斯科移民到美国，他是托德的朋友，托德生于马林县，那是旧金山以北一片宜居的郊区。内向的海金森开心地回忆起当初跟协会的伙伴们结识的经历。当时有个同学名叫丹·罗德里格斯，担任过协会的主席。还有两个成员，分别是文斯·巴萨姆和凯文·斯米拉克，文斯是托德的室友，也是一名狂热的排球运动员，凯文和托德一样都来自湾区。

然而，协会成员中注定会大放异彩的那位，实际上就在“隔壁”。特拉维斯·卡兰尼克来自附近的圣费尔南多谷。彼时正在攻读计算机和商科双学位的他，很快就被协会强大的磁场所吸引。他还记得，当时跟协会里那些朋友的关系感觉比舍友还亲近。他回忆道：“我大多数时候都耗在那里，我们会一起玩双截龙。”这是 20 世纪 80 年代流行的一种格斗类电子游戏，一开始只能在街机上玩，后来又移植到电脑上。协会的服务器属于学校的计算机科学系，成员们可以利用文件传输协议（FTP）技术来搜索互联网上的其他程序。卡兰尼克还记得："我们会找一些 MP3 格式的 FTP 站点（就是利用数字技术压缩音乐并存到电脑里的文件）。我们还喜欢钻研偏题怪题，琢磨脑筋急转弯。那时候就忙活这些。"

尽管互联网公司在帕洛阿托发展得如火如荼，在计算机协会里，成员们主要还是以玩乐和游戏为主。1997 年的秋天，正是在嬉笑玩乐中，巴萨姆忽然冒出一个想法。当时，加州大学洛杉矶分校宿舍中所有安装 Windows 操作系统的电脑，都在同一个网络系统当中，相互关联。令人震惊的是（至少根据后来的标准来看是如此），电脑的默认设置不光能让用户相互交流，甚至不需要密码就能实现所有用户的文件共享。卡兰尼克说："当时还没有防火墙一说。"

这薄弱的一环恰恰创造了机遇。巴萨姆在想，如果能开发一种程序，可以在所有关联的电脑中自动搜索音乐和其他多媒体文件，然后再为搜索结果做好索引，肯定很有趣。任何使用过互联网搜索引擎来抓取信息或娱乐网站的人，都不会对这种技术感到陌生。他们起先只是想在数字化领域给一种久远的实践形式赋予新生：过去大学生常把自己的唱片铺在地板上，以此出借。托德说："我们是在文斯的宿舍开始着手的，先找音乐，再试听。"正是在托德的帮助下，巴萨姆写出了原始代码。

尽管这一切始于大学宿舍，但是拜网络的魔力所赐（如果没有在 Boelter Hall 发出的第一条信息，现在的一切都免谈），两人有幸接触到大学里庞大的计算机后台。托德是一名系统管理员，这份兼职恰好为他提供了通往网络大门的钥匙。紧接着，他跟巴萨姆就意识到，既然这个程序可以搜索自己宿舍计算机里的歌，那么应该也可以应用到其他宿舍，甚至其他学校。事实证明这的确行得通，只需把电脑连上互联网。这也意味着，如果能开设并推广这项服务，吸引大批精通电脑的音乐迷，说不定能做成一笔生意。协会里的一些伙伴听说了他们这次“黑客”行动，到1997年11月，斯米拉克、罗德里格斯，还有第五位成员杰森·德勒格统统加入了他们，想利用这个搜索音乐文件的创意建立一家公司。（卡兰尼克那个学期并不在学校，而是在位于俄勒冈州波特兰的半导体巨头英特尔公司实习，因此他并不是初创团队的一员。）团队尽管在业务方面欠缺经验，在给公司命名上倒很有一套。他们想到了 Scour，用这个词来描述能在全网搜索 MP3 文件（后期甚至还能搜索视频文件），还能筛掉无用信息的工具，真是再亮眼不过了。①

只不过一开始的时候，Scour.net 更像是一个学生项目，而非

① Scour 的意思是“四处搜索、费力清理”。——译者注

公司。寒假期间，这群人又凑到了一起，想要改进编码。他们待在加州核桃溪市斯米拉克父母的住处，离旧金山很近。他们把电脑放在乒乓球台上办公。（斯米拉克的继父詹姆斯·安弗瑞斯成了 Sour 的首位投资者，他投了几千美元。丹·罗德里格斯父亲的一位朋友也投资了该公司。）Scour 团队的成员近乎是白手起家。1998 年初，又到了新学期。团队回到大学校园后，又开发了一个网站。该网站实际为学校所有，因为它需要在学校的网络上运行，还用了学校的网址：scour.cs.ucla.edu。团队核心成员的规模也略有扩大，年初时海金森加入了。

而最终成为团队第七名成员的卡兰尼克同学，彼时还在英特尔实习，尚未归队。不过他和创立 Scour 的团队成员已经是很铁的朋友了。尤其是罗德里格斯，那年秋天他本打算和卡兰尼克一起去英特尔实习，不过后来想法有变，留在了洛杉矶。卡兰尼克很担心自己会错过好戏，还跟罗德里格斯表达了自己的想法。卡兰尼克回忆道："我当时感觉有点窝火，大概是跟他这样说的，'兄弟，真的假的？算我一个呗'。"那年夏天，卡兰尼克还有另一份实习工作，参与波士顿咨询公司的一个电力工业项目。鉴于此，直到那个学年的后半段他才正式加入 Scour。卡兰尼克并没有因为 Scour 是一个羽翼未丰的初创公司，就在做决定时犹豫不决，而且这也不是他最后一次这样做。10 年后，面对刚起步的优步，他做出了同样的决定。

Scour 简直完美地诠释了什么叫产品供应与市场需求的理想契合，简直就是硅谷企业家口中的图腾。有的公司只会生产华而不实的产品，没人愿意购买；还有的盲目跟随巨大的市场，却没有过硬的商品。Scour 网站则十分简单，又易上手，它能识别并列出网上可用的音乐文件，对于一群渴求最新音乐却因手头拮据只能买几张 CD 的大学生而言，这个网站无疑带有极大的诱惑力。Scour 希望建立广大的受众群体，这一群体可以作为推广渠道，也可以作为销售平台，在商业角度对娱乐公司有极大吸引力。网站本身并没有吸引用户的关键资源，即用户选购的歌曲。相反，它只是平台这一模式的雏形，利用他人的资源获取自身的商业利益。音乐文件之于 Scour，就相当于 UberX 司机的车之于 Uber，只是后者的发展比 Scour 强多了。

关于 Scour 网站的消息很快就流传开来，此时，网站已发展为一项正式业务了。德勒格是加州大学洛杉矶分校一名计算机专业的学生，也一直在电影学院上课。他曾预感 Scour 有潜力发展壮大为媒体业务。他说："我们几乎是在宿舍里眼睁睁地看着 Scour 一天天发展起来的。网站成立不到半年时间，就吸引了约 11% 的加州大学伯克利分校的学生成为用户。这个略显稚嫩的大学生项目，其服务器竟然从未被宿舍信息技术管理员发现，当时我们的代理可是达到了每秒20MB的流量啊。这要是花钱买，恐怕要每月两万美元呢。”

Scour的发展速度实在是惊人，公司的创立者甚至面临一个两难的抉择：继续学业，还是投身事业。海金森说道：“你在上物理课，那时有手机的人不多，而你的手机却一直嗡嗡作响，因为Scour在圣何塞的服务器又出问题了。想要兼顾真的很难。后来，事情越来越多，我们当中许多人都会逃课。”1998年末，团队内分工明确，成员们各司其职，公司运行秩序井然。后来成为Scour总裁的罗德里格斯负责业务运营，而且乐此不疲地从自己阅读的商业书籍中吸取经验；斯米拉克和巴萨姆斯负责编写软件程序；托德负责服务器运行；德勒格负责广告策划，最开始就是出售广告横幅。后来团队从大学宿舍搬到托德和罗德里格斯租下的维斯特伍德公寓。这时，卡兰尼克也不上课了，加入到团队之中，负责处理市场营销方面的问题。他负责的另一项任务，对他整个职业生涯都意义非凡：筹资。卡兰尼克在技术领域造诣颇深，但是他却从未成为团队的核心程序员，不过在以后的日子里，他终于扮演了这一商业角色，并为此打拼多年。

1999年初，Scour终于开始有一家公司的样子了，虽然运营公司的不过是一群中途辍学的大学生，工作地点也不过是他们昔日大学校园附近一处巴掌大的公寓。海金森说：“办公室里有

13 个人，电脑数量很多。每当有人用微波炉时，我们都不得不关闭显示屏，以免烧坏保险丝，还挺可笑的。”多年之后，他成了信息服务公司 Snapchat 的技术总监，公司位于威尼斯的一座小镇上。

Scour 团队一开始走的就是背叛其他企业的路子，不管是从它占用大学网络资源来说，还是利用他人的知识产权来谋利。而这一切都不可避免地给公司及其创始人打下了深深的烙印。德勒格说道：“我们了解到的一点是，做点无伤大雅、古怪新奇的项目是可以的，而且没人会真的怪罪我们。”他是 Scour 核心团队中唯一一位后来加入优步这家特立独行的技术公司的人。他还提到：“我们还学会在不给他人造成实际损失的前提下，面对规则适当变通。可是别忘了，我们运行这些系统终究还是为了谋取自身利益，所以我们一直都是在循序渐进。”

为了推动公司向预定的目标前进，Scour 必须要筹集资金。团队成员的视线很快就跳出了自己的亲朋好友。斯米拉克的继父又投资了 15 万美元，但由于既要支付成员的花销，又要租用服务器运行空间，这笔钱仍然是杯水车薪。（毕竟不能像过去一样利用学校的网络了。）托德的朋友弗朗西斯科 · 法布罗奇诺是加州大学洛杉矶分校计算机科学专业的研究生，两人后来成了室友。法布罗奇诺在贝弗利山庄的一家互联网公司 Checkout.com

工作，该网站由好莱坞代理商迈克尔·奥维茨和罗恩·伯尔克运营，后者靠超市生意赚了数十亿美元。跟同时代的许多人一样，他们两人也想利用互联网热捞一桶金。法布罗奇诺猜想他们也许对投资 Scour 感兴趣，于是就为双方牵线。筹集资金的重任最终落在了卡兰尼克的身上。

而对他本人而言，这也是终极在职培训。他说："我一边做交易，一边学习硅谷现行的所有规则。"但此前，他从未有过相关经验，也没有人可以咨询。"现在博客上都有相关的经验帖，比如，告诉你条款清单是如何运作的。可那时候，所有人都是一无所知，经验只局限于相关领域，完全没有投资交易的相关信息，必须要自学。我当时住在父母那里，每天有 8 个小时都在通电话。"

1999 年春，Scour 团队终于和奥维茨、伯尔克二人达成协议。这两位来自洛杉矶的大亨，尽管是技术盲，但是富得流油，最终决定投资 400 万美元，掌握 Scour 51% 的股份。而这家年轻的公司也得以搬入位于贝弗利山的写字楼，和 Checkout.com 在同一座大楼办公。这笔交易本该在一个月内完成，在此期间，Scour 不可以招揽更高价的投资。这个就是排他性协议。可几乎就在同时，年轻的企业家们退缩了，他们忧虑重重，感觉不应该在公司刚起步时就放弃控股权。而且，刚好有一家唱片公司 GoodNoise

（在网上为独立乐队发唱片），表示愿意购买少部分 Scour 股权。与此同时，奥维茨试图进一步协商具体条款，当时还在预定的交易期限内，交易尚未结束。卡兰尼克说："我只得给奥维茨打电话，跟他说，看看，30 天的排他性协议期限到了，我们的资金必须马上到位。"这对跟投资方搞好关系来说可不是什么好的开端。卡兰尼克说，奥维茨把排他性协议延期了几天，仍然没有用。"后来有天早上，我们在《华尔街日报》上看到一则新闻，Scour 因为打破排他性协议，被迈克尔·奥维茨起诉了。"

这次诉讼令团队震惊不已，还给了他们一个教训。德勒格说："我们立马就明白了这其中的游戏规则。而教育我们的正是地球上最阴险的恶魔——任何在好莱坞混迹的人。"德勒格还称这次经历给卡兰尼克造成了深远的影响。"他过去总是如履薄冰，但经历了这次募资，整个人仿佛脱胎换骨了一般。"

此番情景像极了电影《教父》中的桥段。团队成员们认识到自己已经骑虎难下，这笔钱收也得收，不收也得收。卡兰尼克说："只能接下这笔钱了，我们别无选择。"

撇开筹资交易中各种钩心斗角不谈，1999 年的夏天对 Scour 而言还是颇具意义的。有了奥维茨和伯尔克投资的 400 万美元，公司搬入了贝弗利山，开始招募员工。Scour 网站大获成功，但也有其局限性。网站的成功引起了一个竞争对手的注意，正是它最终使 Scour 走向终结。这个竞争对手的业绩比 Scour 更辉煌，寿命更长久，结局却同样惨烈。这个对手就是 Napster。

Scour 最根本的问题在于不靠规模取胜，也就是说，公司规模扩大不一定意味着效益会随之提高。当时网站吸引了大批年轻的音乐迷，很快 Scour 提供音乐的能力就满足不了他们的需求了。卡兰尼克说："我们当时火得不得了，但是当时乐曲资源的数量十分有限，就只有这些盒子（指 Scour 用户的个人电脑）里存有布兰妮·斯皮尔斯的歌。"（布兰尼在 1999 年发布的第一张唱片《爱的初告白》在当时大火。）"如果想要这首歌的人太多，盒子就会崩溃。如果再搜索这首歌，虽然能弹出链接，但点击后不会有反应，因为在另一端盒子已经崩溃了。" Scour 的工程师只得匆匆删掉无效的链接，同时还要在网上搜寻新的歌曲来源。一旦有了新的资源，不可避免地会出现搜索高峰。"可我们的内容储备仍然不足。" 如此便陷入新一轮的循环。

几乎所有颠覆性技术都会面临下面的窘境：Scour 的弊端引起了竞争对手的注意，后者稍作创新，便取得了显著成效。Scour 允许用户查看其资源库的音乐储备。然而，用户若要播放想听的歌曲，需要提出访问请求。这就会触发文件传输，经由互联网从一位用户传给另一位。跟 Scour 的许多用户一样，肖恩·范宁痴迷于音乐与技术。他想明白了 Scour 遗漏的一环。于是在 Scour 创立 18 个月后，1999 年 5 月，肖恩·范宁和肖恩·帕克一起创立了一个更完善的音乐分享平台——Napster。“当时他们的想法就像是‘在我从 Scour 上调取一份文件的时候，为什么不直接共享给他人呢？’”卡兰尼克回忆道，他提到的这一技巧，具体操作起来就是歌曲在播放的同时可以自动共享到每个用户。此外，由于 Napster 只给用户呈现可下载的歌曲，便不存在 Scour 高开低走的问题。“这就是 Napster 的运作模式。它基本上沿用了 Scour 的技术，只是稍作改动，也正是这细微的差别最终引发了巨变。”卡兰尼克和范宁本可以成为很好的朋友，后者甚至可能成为优步早期的投资者之一。经历了此番变动，卡兰尼克深深地认识到，利用竞争对手的好点子，快速地加工创新，是多么重要。十多年后，当卡兰尼克发现 Lyft 公司有利用优步技术做创新的苗头时，便当机立断做出反应。

就这样，Napster 一炮而红，甚至成了人们日常交谈的话题。很快，它的光芒就盖过了 Scour：到 2001 年，其下载量多达 8000 万次。相比之下，Scour 在顶峰期下载量也不过 700 万次。Scour 奋起直追，推出了 Scour Exchange（简称为 SX）服务，运作原理和 Napster 很像。（两家公司的成功都有赖于给用户提供本不属于其网站的音乐，Scour 还提供视频。用不了多久这一点就会让它们自食其果。）就 Scour 而言，它正努力想要迎头赶上。

公司还搞了一次营销活动，对象正是其目标群体——年轻人。推广 Scour Exchange 服务的激进方式，很符合公司特点：运营人员是一群小伙子。Scour 雇了在全美高校影响力颇大的一家营销公司，让它给学生分发个人护理润滑剂，瓶身上贴有标签，夸张地印着 Scour Exchange 挑衅的口号：流畅下载，必用 SX。

Scour 成功地引起了公众的注意。1999 年 11 月，流媒体文件软件公司 RealNetworks 试图收购 Scour，公司控股股东十分青睐这一提议。因为就在当月，几个唱片公司联合起来，起诉了用户较多的 Napster，指控公司的点对点音乐下载服务侵犯了版权。因此，如果 Real Networks 能想出对策，合法地在市场上推行 Scour Exchange，那么出手公司绝对是一笔好买卖。若真的收购成功，公司的初创团队就会成为 Real Networks 的雇员，以股份而非现金的方式获得交易回报。谈判期间，技术新闻网 CNET 引用了一位“知情人”的话，称 Real Networks 打算花 1 亿美元拿下 Scour。海金森说：“有人决定向媒体透露网站将被收购的消息，我认为这是蓄意破坏此次交易。向媒体透露的报价远远超出了 Real Networks 意向中想支付的价格。所以当时的情况就是，线人择准时机给记者透了信，交易便就此夭折。”这些初学者，几个月前还会为奥维茨起诉他们的新闻震惊不已，现在竟已掌握了利用新闻媒体谈判的窍门。

鉴于已经发生在Napster身上的悲剧[①]，不卖公司确实是错失了良机。娱乐产业视Napster和Scour为潜在的威胁，因为年轻人如果认定音乐是免费的，恐怕就不会再花钱购买了。而且，一旦互联网宽带进一步发展（电影制片厂对此深信不疑），DVD市场也将面临同样的危机。2000年7月，三家娱乐行业协会联合提交了一纸诉讼，称Scour侵权，发出了类似于当年针对Napster的控告：Scour Exchange助长了非法下载电影和音乐的行为。要求赔偿的数额——各项侵权赔偿累计总额多达2500亿美元——简直是想彻底铲除Scour。

最让Scour的年轻团队郁闷的是，电影制片厂一边花钱请他们的网站帮电影宣传，一边又让律师对他们提起诉讼。德勒格说："仿佛上一个电话还在说'嗨，昨天下载量有多少？能实现多大的曝光度？'，紧接着下一个电话就说'我们要起诉你了，生意甭想做下去了'。这简直是莫名其妙。"

Napster一案拖拖拉拉了好几年，2002年才申请破产，Scour则在几个月之内就走向了终结。网站的一些创始人想要放手一搏，尤其是卡兰尼克。他没什么钱，所以输得起。可伯尔克和奥维茨的情况就大不相同了，尤其是奥维茨，他的生计可全凭娱乐

---

① Napster因音像界的起诉，此前已被法院勒令停止服务。——编者注

产业撑着呢。（汉克·巴里是 Naspter 在旧金山的投资人之一，曾做过律师，后来成了 Napster 的首席执行官，并尽全力帮公司维持运营。）包括 Liquid Audio 和 Listen.com 在内，许多公司都在为 Scour 的资产竞标，Scour 的创始人也在法庭现场，目睹了整个过程。卡兰尼克说："你眼睁睁看着自己昔日的公司在破产法庭上被拍卖，连个仪式都没有，完全是暴力算法。这就是破产法庭的办事方式。"最后，俄勒冈州波特兰市的 CenterSpan 通信中标，以 900 万美元收购了 Scour 的资产，希望通过合法渠道继续 Scour Exchange 的文件分享服务。Scour 的一些创始人成了 CenterSpan 的顾问，希望可以力挽狂澜，挽救 Scour，只可惜一切都是徒劳。

对于 Scour 所有的创始人（包括卡兰尼克在内）而言，这是另一种学习经历，虽然并不愉快。其中一课就是，必须要为公众消费提供合理的解释。卡兰尼克称："我当时的做法就是，宣布遵守联邦破产法第 11 章，以此策略应对诉讼。"① "情况已然很糟糕，但你还得努力寻找积极的一面。就我自己而言，不夸张地说，一天能昏睡 12 甚至 14 个小时，早晨起床变得越发困难。这种体验真是超级不爽。那是我第一次意识到：人生苦短，没有必

① 联邦破产法第 11 章：已宣布破产的公司，在制订出付债方案后，由法院保护，可继续运作。——译者注

要处境困窘却仍面带微笑。”

也许这并不是个皆大欢喜的结局，但至少卡兰尼克自己已经历了战场般的磨砺。科技公司需要一定的规模，既可以增强竞争力，又能积攒客源。同样地，正确选择投资方，保证自己对公司的控制权，也值得每位企业家为之奋斗。10年后，在卡兰尼克运营优步时，他近乎痴迷地追求扩大公司规模，筹集资金，掌控公司。

2000年底，Scour公司已无力回天。24岁的卡兰尼克跟他大学的密友都既没学历又没工作，他必须尽快做出新的规划。

Wild

03

“轻资产”策略

经过年轻时候的这些历练，卡兰尼克还没创业就已经尝过失败的滋味。他知道了会讲故事的重要性，学会了表演的艺术，还体会了低三下四请人资助时受到的白眼。他正在一步步成长为真正的企业家。

Ride

Scour 的终结让卡兰尼克经历了第一次失业。尽管他作为成年人第一次经商就宣告失败，但他已经深深扎根于企业家行列了。跟史蒂夫 · 乔布斯一样（其家人在他死亡证明的职业一栏填的是“企业家”），卡兰尼克也深刻地诠释了自己毕生的乐趣就是创业。毕竟，依他看，企业家最为重要的两个特质就在于创造性和不屈不挠。

不屈不挠这一点似乎已经定型了。和许多同龄孩子一样，卡兰尼克小时候和父亲一同参加了基督教青年会（YMCA）举办的“印第安导游”活动。所有的小导游和父亲都有“印第安”名字。卡兰尼克的名字是“大笑狼”，因为他说自己总是在笑。他爸爸的名字是“疯狂狼”。（比这再早 10 年，我和父亲在另一个地方参加这个活动时，名字分别是“大熊”和“小熊”。）该活动其实是那个时代应运而生的产物，通过参加这个活动，平日赚钱养家的父亲就可以和孩子共度时光，而且是在户外。（若是父亲和女儿一起参加，该活动还有一个政治上不太正确的名字，叫“印第安公主”。后来，主办方把“印第安”一词从活动中删掉了。）然而，卡兰尼克印象最深的并非和父亲共度时光，而是他为一名煎饼早餐的筹资人卖餐券时展现出的惊人天赋。“我永远都是卖得最多的那个。”他描述这段30年前的经历，脸上没有一丁点得意之色。“我会在下午两点到休斯超市，打扮成印第安人的模样，在那里卖煎饼早餐的餐券。我能一直卖到夜里11点，直到父母硬要把我带走，我才会恋恋不舍地离开。”

除了内心深处那股强烈的想要卖得比其他孩子都多的冲劲，卡兰尼克的童年算是再平常不过了。他打棒球和橄榄球，喜欢数学，喜欢跑步，他的姐姐帮他打扮得酷酷的。他的父亲唐纳德是洛杉矶的一名土木工程师，在洛杉矶国际机场参与过很多项目。卡兰尼克把自己从小形成的工程师思维模式归功于父亲。唐纳德·卡兰尼克很喜欢捣鼓小玩意儿，经常把东西拆开来又组装回去。卡兰尼克说：“父亲都不需要叫水管工，因为他自己就会修。他也不会找人来修空调，打开空调盖他就知道该怎么弄了。我父亲就是这样一个人。”他的母亲邦尼从事报纸广告的销售工作。他对母亲的描述是比父亲更感性，也更有人情味。“她会每天接我们放学，告诉我们她有多爱我们。她还特别提到，一定不能接触毒品。我到现在一滴毒品都没沾过。”

卡兰尼克一家总的说来算是中等收入的家庭。“中等水平”同样适合描述这家人生活的地方：位于圣费尔南多谷的小镇北岭社区。北岭社区是洛杉矶附近的郊区，四处盖有不起眼的小平房。用卡兰尼克的话说，小镇在“中心的中心”。大多数人都这样生活着。卡兰尼克有两个姐姐，都是父亲和前妻的孩子。她俩后来一个卖化妆品，一个在复印店工作。比他小 11 个月的弟弟科里，是加州中部夫勒斯诺市的一名消防员。（科里也挺出名的，但不是因为他哥哥：2013 年他把一只小猫从熊熊燃烧的房子中救出的视频在 YouTube 上广为流传，他也因此成了当地的英雄。）和卡兰尼克一家关系亲近的多是消防员、教师，还有一名社会服务人员和一名理疗师。

家庭旅行无外乎外出野营。卡兰尼克说：“整个高中阶段，每年夏天，父亲、我还有弟弟都会去寒拉斯山脉待一周，在那里捕到什么就吃什么。由于一日三餐都吃鱼，所以其间可以学到烹鱼技巧，比如你应该在鱼入锅后 35 秒立刻放盐，出锅前放黄油。”

虽然过着中产阶层的生活，卡兰尼克的父亲在一样东西上花钱却从不吝啬：电脑。“我们家电脑永远是最新版本、最高配置的，不管是康懋达 64 还是苹果二代，我们都买过。”父亲用电脑教卡兰尼克高出同年级水平的数学知识，卡兰尼克记得当时自己俨然成了个数学呆子，甚至还因此受到不公待遇。“我当时呆到让人欺负。倒不是真的挨打，而是会被取笑，被孤立。”回头想想自己跟出租车公司和一些腐败的监管人员公开抗衡的事件，卡兰尼克说：“也许我的正义感就源自童年的经历。”

卡兰尼克是个披着搞笑外衣的怪才。小学期间打棒球，他是三垒手，打橄榄球时他是后卫。到了高中，他喜欢上了跑步。他最喜欢的项目就是 400 米接力。“我 400 米接力从来就不是跑得最快的，但他们总把我安排在最后一棒。因为前面有人，我总能超过他。”

卡兰尼克不运动的时候，都在工作。他曾在美国巴斯罗缤冰激凌公司舀过冰激凌球，也在金考快印给人印过东西，还做过电话推销员。“我就负责打电话，尽量跟对方聊上 30 分钟，问他们问题，当时就跟在不法电话交易所似的。”他倒不一定是出于对金钱的极度渴求才选择工作。关于驱使他赚钱的动因，卡兰尼克给出了两种解释。他说自己的父亲有着近乎疯狂的职业道德标准，这一标准现已逐渐淡出大众视野。他说：“父亲小时候家里很穷。”除了模仿父亲之外，卡兰尼克还把自己企业家般的竞争精神——这一精神甚至在孩提时代就显现出来——归结于自身的竞争欲望，也正是这种欲望让他当初常年跑第四棒。“仿佛有这样一种企业家精神，‘我工作比你努力’。许多企业家都是依靠这种精神起步的，这是因为内心缺乏安全感。这感觉可能就是，生活捉襟见肘，你必须加倍努力才能熬过去。”

卡兰尼克年轻时做过的一些工作为他日后成为企业家奠定了基础。比如，他为一家公司卖过小刀，公司当时采用的销售手段本质上就是多层次直销。“先从自己的母亲和朋友开始，再卖给朋友的母亲，于是你就有了代理人，业务链就这样形成了。”这次经历带给他的启示对他将来工程师的事业意义重大。“工程师总是指责销售行业。他们认为销售层次低，又无真凭实据。但销售要会讲故事，这也是一个人可以从销售中学到的技巧：如何讲故事。”

考入加州大学洛杉矶分校后，卡兰尼克并没有停止工作。他原本计划花五年时间读出双学位。一个专业是计算机科学与电气工程，另一个则是经济学。加入 Scour 之前，卡兰尼克有过三次实习经历，他也得以了解到大型公司的运作机制。三次实习分别是：暑期在旧金山的一家咨询公司（硅谷互联网合作伙伴）实习；在俄勒冈州的英特尔实习；以及在波士顿咨询集团的实习，这次他的客户是南加州爱迪生电力公司。但持续时间最久，也是最不同寻常的兼职经历是参与创办 SAT 预科班“学术新思路”。

培训班离他父母家很近。卡兰尼克只不过比学生大一岁，还要打上领带，在周六给高中生（大多是韩国学生）讲解考高分的技巧。“教一群十六七岁的孩子，唯一的方法就是把课堂变成一场秀，”卡兰尼克继续解释道，“一天要表演 8 小时，还要时刻保持警觉。既要风趣，又要反应迅速，脑子还得灵活。如果有人分神，你得能把他揪出来。差不多就是这样。”

经过年轻时候的这些历练，卡兰尼克还没创业就已经尝过失败的滋味。他知道了会讲故事的重要性，学会了表演的艺术，还体会了低三下四请人资助时受到的白眼。他正在一步步成长为真正的企业家。

似乎法官才刚敲下木槌，给 Scour 定了罪，卡兰尼克和托德就开始谋划下一场事业了。就像歌手连续演唱的歌曲曲风相差不会太大一样，两人这次创业的方向跟之前偏差也不大。他们基本上是再造了 Scour，只有一处关键的变动。新公司 Red Swoosh 在合法性方面无懈可击——至少这一次卡兰尼克知道，不受律师牵制对公司十分有利——而且把重心放在企业客户，而不是大众消费者上。事实上，卡兰尼克和托德计划提供其技术服务的对象，正是当初起诉他们的那些娱乐公司。（后来有传言说 Red Swoosh 使用的软件代码跟 Scour 如出一辙，不过此事被卡兰尼克和其他成员否定了。）

Scour是让用户通过个人电脑和互联网分享音乐和视频，Red Swoosh则是让公司利用互联网把类似的大型文件分享给客户。当时，传送大型文件已经是成熟的业务，诸如阿卡迈公司、Exodus通信公司和Digital Island都是做这个的。这些公司都是利用庞大且昂贵的计算机网络来为客户提供服务，许多客户是媒体公司，希望能把节目、电影预告片一类的文件快速传到网上。

卡兰尼克任新公司总裁（这次他是真正的创始人），托德任首席技术官，两人的组合似乎是公然向前辈示意。Scour的商标是由两个红色的冲击标志组成的字母S。[①] Red Swoosh软件可以达到和阿卡迈等公司同样的效果，但是价格更低廉，而且程序运行时还会发出一些铃声和口哨声，之前的软件并不具备这一功能。公司成立三个月后，在一份为未来投资者拟定的文件中，Red Swoosh自称为“端点传送网络”。（而其他公司则更类似于“内容传送网络”。）Red Swoosh机制中的“端点”是提供服务的核心要素，指的是当初促成Scour的点对点技术。公司利用的是与公共互联网相连的个人电脑。（这些价格低廉的个人电脑，属于客户公司和它们的顾客，并不属于公司网络，因此是位于网络的“端点”。）公司在2001年3月的招股说明书中（类似于为刚

---

① Red Swoosh意为红色冲击。——译者注

开发的行程提供的地图）解释道，“Red Swoosh 解决问题并不是依靠投资上千台服务器或是遍布世界终端的几十家数据中心。相反，公司利用的恰恰是台式电脑中大量尚未使用的空间，从而低价、高效、合法地分享并传送内容”。

Red Swoosh 策略中难能可贵之处并不仅仅在于利用并稍稍调整了 Scour 原有的商业价值，还在于它极具前瞻性的“轻资产”策略，后来也正是这一策略变成了优步的秘密武器。和 Red Swoosh 软件利用他人的电脑传入或调出其中文件的原理一样，未来的优步也把乘客与司机联系起来，利用的恰恰也是城市道路上大量尚未使用的空间——司机自己的车。Red Swoosh 希望“个人电脑中大量尚未使用的空间可以达到全球 CDN 可用空间的 3000 倍”，反观优步，同样能利用本不属于公司的大批车辆运营，车的数量之多，让任何一家与之抗衡的出租车公司都黯然失色。总之，至少在卡兰尼克看来，Scour、Red Swoosh 与优步是一脉相承。

这群年轻企业家的大胆之处在于能在几个月内就和刚刚闹掰的公司重归于好。弗朗西斯科·法布罗奇诺回忆说：“就像是毒贩子一下子成了药剂师。”他是迈克尔·托德在大学时结交的朋友，后来成了 Red Swoosh 的早期职员。把这些娱乐巨头纳入业务范围也让我们有了雪耻的机会。卡兰尼克说：“整件事简直酷极了，因为我们绝对会让那些扬扬自得的老板大吃一惊。我们会在迪士尼举办一次超高水准的会议，与会人员约 30 位。”对于娱乐公司而言，好奇心胜过了之前的敌意。同年，苹果公司首次推出数字化“音乐盒”软件 iTunes，软件在 2003 年合法地代替了 Napster。音乐公司和电影公司想要尽其所能获取一切技术信息。卡兰尼克回忆道：“他们仿佛在想，‘我们不是都把你们起诉破产了吗？现在又想卖给我们什么破烂玩意儿？说来看看，我们倒要瞧瞧。’”

第一次做首席执行官，虽然公司的员工加起来也能塞满一辆中型轿车，但是到感化客户的时候，还是得卡兰尼克本人出马。他虽然在大学预科课程培训时有过“表演”的经历，但在人群面前有时还是免不了紧张。Red Swoosh 的工程主管法布罗奇诺回忆起当天的情形：“我们都去了迪士尼，他讲话的时候声音在发抖。我跟他说，‘淡定点，老兄。不然人家以为你在撒谎呢’。”据他回忆，卡兰尼克后来确实放松了许多。“出人意料的是，大家对卡兰尼克的演讲的反馈特别好。”

卡兰尼克在 Red Swoosh 就是一个工作狂，多年后优步员工或许会对此感到很熟悉。法布罗奇诺回忆说：“那个伙计每时每刻都在打电话。他总是来回走个不停，我们会喊他，让他停下来。”卡兰尼克还很节俭，甚至到了古怪的程度。他一年四季都骑着自己那辆破旧的摩托车上班。法布罗奇诺说：“我们都感觉他疯了。有时候下雨天他来上班，身上都湿透了。我真的很佩服他能这样。”不过他的节俭有时也不太招人喜欢：“我们时不时会一起出去吃午饭，他就常常忘带钱包。”法布罗奇诺说道。

关于卡兰尼克的点滴慢慢累积起来，大家对这个人的感受就有了变化，这种感觉“说不清道不明”，就觉得他不可靠，不愿继续合作下去了。“他会在白板上画一个大大的美元符号，画个圈，再描出轮廓以加强视觉效果，生怕人家经过看不见似的。”伊利亚 · 海金森回忆道。他之前是 Scour 的工程师，后来加入了卡兰尼克和托德的 Red Swoosh。“你知道他写在那儿就是为了让你看到，这一举动实在是低俗又诡异。倒不是说不好，只是毫无意义可言，就是单纯的作秀。”

实际上，到了 Red Swoosh 阶段，巨大的美元符号倒是不常见到了。互联网泡沫在 2000 年春达到顶峰。Red Swoosh 在 2001 年初创立，受到了两方面影响：其一，被 Red Swoosh 视作竞争对手的公司市值不断下跌，这对筹集资金极为不利。举个例子，如果不到一年之前阿卡迈公司估值数十亿美元，那么与之抗衡成功的机会很小。更糟的是，针对科技创业公司的传统募资来源已近乎枯竭，这一情况对于刚经历创业挫败的青年团队运营的公司尤其严重。南加州缺乏技术产业投资者，这于创业者而言一直是个棘手的难题。卡兰尼克见了硅谷的一名投资者，这个人说他自己认为软件行业没有什么创新项目值得投资了。“这真是你能想象到的最荒谬、最讽刺的事了。但这就是那个时期的标志。”卡兰尼克当时切身体会到可怕的从众心理，正是这种心理引发了创业投资基金周而复始的循环。硅谷的投资者宁愿投资 5 家宠物网店，也不愿赞助一家特立独行的企业。不管结果好坏，规模尚小的 Red Swoosh 团队追求的正是自己唯一了解的行业，其唯一潜在客户群体将会和他们站在一起。

然而，之前 Scour 团队拥有一项非常规收入来源。收购了 Scour 的 CenterSpan 公司急需帮助，以更好地了解并管理 Scour。托德同 CenterSpan 签署了咨询协议，并把部分工作转给 Red Swoosh 的员工。卡兰尼克说：“我们通过那份咨询合同支撑起了数据中心，并维持其运营。一开始我们的资金来源就是靠这个。”

Red Swoosh 支付员工报酬的方式恰恰是资金紧张的根源。海金森说，他在 Red Swoosh 工作时，也曾参与到 CenterSpan 的项目中，他会把项目所得直接投资给 Red Swoosh，这样就可以在这家新兴公司中获得股份。他说：“虽然感觉很奇怪，但是至少奏效了。”

然而，鉴于 Red Swoosh 职员面临的现状，团队签署的合同条款让员工们疑虑重重。即便有了 CenterSpan 支付的钱，公司的资金状况仍然很紧张，甚至开始不再缴纳工资税。这一行为严重违反了美国国税局的要求，潜在投资者也会在心里打上问号。迈克尔·托德称公司里每个人都知道不缴税这件事，他本人坚决反对这么做。“我认为不缴纳工资税不是什么好主意，我们还商量过此事。”而且，托德也担心自己会因为这件事受到牵连。

卡兰尼克则认为托德才是整件事的罪人。“账目是他负责的，要我说，他就是无能。我们欠了美国政府大约10万美元吧。那情形就像白领犯了罪。”卡兰尼克坚信托德想背着他卖掉Red Swoosh。他说：“显然我们没法筹到钱，而且也还没有真正的付费客户，这都8个月了。”托德呢，又觉得卡兰尼克根本没有胆量继续创业。“于是我就把他从公司踢出去了。”托德表示，如果卡兰尼克不同意，他绝不可能擅自卖掉Red Swoosh，毕竟公司是他俩一起创办的。关于自己被踢出公司这件事，托德还辩解了一下，称那是他自己的意愿。

就这样，原本情谊深厚、把智慧的火花与经商的热情融合起来的两人，现如今变成了彼此指指点点，嫌隙不断。卡兰尼克在邮件里自称是Red Swoosh的“创始人兼首席执行官”。罗伯·里根说：“托德恼火的是卡兰尼克用的竟然是‘创始人’，而非‘联合创始人’。”罗伯·里根后来投资了Red Swoosh。之后，一些Scour的创始人员跟随托德投奔了谷歌，之后又随他去了广告技术公司 OpenX。不过，托德一直没有抽出他在 Red Swoosh 里的股份，而且最终也会为此感到很庆幸。

公司起步情况并不乐观，Red Swoosh 成立不到一年就预见其悲剧的未来。2001 年 9 月 11 日，卡兰尼克原本打算同阿卡迈的联合创始人兼首席技术官丹尼·列文会面，两人计划就潜在伙伴关系乃至收购事宜进行商讨。列文是以色列籍美国人，在以色列国防军事反恐精英单位工作，当天乘坐美利坚航空公司 11 号班机从波士顿飞往洛杉矶，飞机在撞上世贸中心北塔楼后坠毁。据称，列文是“9·11”事件中第一位遇难者，他当时从座位上站起来，跟一名袭击者对峙，却被身后的另一个恐怖分子割开了喉咙。法布罗奇诺说：“那段时期真是暗无天日。”

2001 年末，尽管 Red Swoosh 一直在开发产品，公司的经济状况却每况愈下。卡兰尼克说：“我们快没钱了。”公司甚至一度没钱发工资，没钱缴税。“紧接着，我们和 CenterSpan 的合同也到期了。”传统的风投公司根本不在选择范围内，卡兰尼克和比公司规模稍大的竞争对手的交流也毫无进展，后者自身都面临资金紧张的难题。“我想说的是，一切都搞得一团糟。”

几年前的经历跟现在相比竟显得那么不真实。那时候，一群毫无经验的年轻小伙，不费吹灰之力就从迈克尔·奥维茨和罗恩·伯尔克那里筹集到 400 万美元。接着，钱越滚越多，哪怕当时公司没多少生意。那个时候互联网泡沫尚未破灭，“9·11”事件也没发生，美国国内经济也没萧条。现如今，即使公司员工经验丰富，公司理念在行业内很有“钱”景，Red Swoosh却连开个会都困难重重。卡兰尼克说：“我只得铆足劲工作，尽我所能。”

一家不太出名的风投公司暂时解救了Red Swoosh。2001年底，卡兰尼克找到了南加州一家小型风投公司，由半导体企业家赵氏父子运营。老赵创办的公司为军用通信系统制造元件，因而发了财，最后以几百万美元的价格出手公司。儿子小赵则刚从法律学院毕业，和Red Swoosh的创始人年龄相仿。父子俩合伙创立了投资公司——赵氏投资公司（Chaos Venture Partners），该公司名中的“Chaos”不是混乱的意思，而是因为有两位“赵”（Chao）姓人参与。①

卡兰尼克有过与迈克尔·奥维茨谈判的血的教训，锻炼了强硬谈判的艺术，懂得如何巧妙利用自身弱点进行谈判。毕竟，他的公司既没钱，又没客户，还背负着繁重的义务。他说自己学会了“给交易撒点面包屑”，也就是把最差的留到最后说。赵氏父子本打算投给Red Swoosh公司30万美元，以此换取10%的

---

① “赵”按韦氏拼音写为Chao，两个“赵”的复数成了Chaos，英文Chaos的意思是“混乱，无秩序”。——译者注

股份。该投资公司办公点在迪士尼，这一行动也证实他们对 Red Swoosh 的技术感兴趣，并且有意签约。

这个时候，卡兰尼克才跟未来的投资方说公司其实还面临一些问题，或者用他自己的话说，还有一些特殊情况。这一情形就好比房地产经纪人面对手拿支票就等签字的购房者，一直到最后关头才披露，其实房子备受白蚁侵害。卡兰尼克讲道：“先尽量让他上钩，然后再说，老兄啊，我得跟你说一声，还有几点特殊情况你要知道。我们欠了美国政府 10 万美元，还欠了手下的员工 10 万美元。但是这些都要等最后签约的时候再告诉他。”

在意识到有 2/3 的投资资金一到账就要支付出去之后，赵氏父子很不高兴，所以他们要求其在 Red Swoosh 的股份增为原来的三倍。卡兰尼克现在没有“面包屑”可以撒了。“他们说，‘我们认为，投给你们 30 万，不应该只占 10% 的股份，应该占到 30%。’我说‘行啊’。于是，在 2001 年感恩节后的那个周五，我拿到了 30 万投资，其中 20 万立马就拿去还钱了。”

这是 Red Swoosh 整个发展史上，卡兰尼克为了筹资跟投资方打马虎眼的开始，之后有几次效果极佳。很快，他就开始和大东电报局交涉了，这是一家英国的电信运营公司，可以把 Red Swoosh 的技术提供给自己的顾客。卡兰尼克解释道：“他们对这种颠覆性的技术十分感兴趣，因为这样就可以不受带宽限制了。”“我们的讨论已经进行到后期，可他们还是不紧不慢的。我只得跟他们安排一次会议。这次会议的性质有点像‘拿上玩具回家去吧’，也就是，‘伙计们，我知道你们对这一技术特别感兴趣，但是我就快没钱了。除非我们能想出办法让你们投资，否则这个玩具你们甭想玩了’。”最后大东电报局还是出了资，跟 Red Swoosh 签了 15 万美元的合同。卡兰尼克说：“我又能给员工发工资了。”

公司就这样运营了下去。2002 年初，卡兰尼克称他成功吸引了 August 资本的注意，该集团打算给 Red Swoosh 投资 1000 万美元。卡兰尼克对于 August 资本这样的公司已经觊觎很久了。该集团坐落于加州门罗公园的沙山路，是一家“根正苗红”的老牌公司，最出名的是曾经在微软早期投入了极大一笔资金。能够拿下该公司的投资，是对新公司莫大的“首肯”。但是这一笔投资还附带了两个条件：第一，August 资本希望 Red Swoosh 能再找到另一家类似的公司与它联合投资；第二，August 资本认为卡兰尼克应当把首席执行官的位置让给更有经验的人来做。这个要求在风投行业很普遍，像是要求公司有“成年人监督”的意味。

卡兰尼克开始寻找其他投资者，August 资本同意先投资 50 万美元，并且从其关系网中找到了 Exodus 通信公司前任总裁罗伯特·鲍曼，请他做 Red Swoosh 的总裁。他立刻接管了公司，卡兰尼克成为执行主席，等于是退居二线。鲍曼在很多方面都要比卡兰尼克老练，卡兰尼克回忆鲍曼“是一个超级固执的工作狂，一天能抽两包烟，喝五壶咖啡，工作强度超大”。

卡兰尼克找到了能和August资本联合投资的企业：迪士尼旗下的思伟投资。不过，August资本不愿接受这个公司，担心这一投资会让与迪士尼存在竞争关系的潜在客户望而却步。鉴于眼下找不到联合投资的伙伴，August资本表示不会投入大笔资金。不过，卡兰尼克还是成功从August资本拿到了10万美元的资金，按他的说法，就是“分手礼物”。他拿出该集团投资总额的一半，买回赵氏集团持有的股份，并把Red Swoosh搬到帕洛阿托，离鲍曼近些。现在，Red Swoosh有了点资本，有老练的总裁掌舵，还有名声在外的风投公司在背后撑腰（虽然投的并不多）。

可是一切都还差得远。由于美国整体经济状况一直没有起色，Red Swoosh的职员纷纷离职。公司在生命线上奋力挣扎，鲍曼任期还没满一年就抽身离去，暂别技术行业。公司资金再度陷入紧张，只好搬回了洛杉矶。Red Swoosh最后只剩两名员工：一个是卡兰尼克，另一个是埃文·曾，后者也是Scour的早期职员。卡兰尼克回忆道：“从2002年秋天起，一直到2005年，就只有我们两个人。公司有两个客户：一个是iFilm公司，每月支付我们5000美元；另一个是IGN（一个视频游戏网站），每月也支付 5000 美元。我们跟自己预想的成功的距离总是咫尺天涯。总有人迫切地想做出一番大事业。”卡兰尼克称，他一度跟一家色情信息传播网站签了约，合约金对于当时在死亡线上挣扎的公司来说是一笔巨款——每月 18000 美元。“但实际上，”他说，“他们从来没付过钱。”

在那段艰难的日子里，卡兰尼克有一次差点就把 Red Swoosh 卖了出去。假如他当时真的这样做了，至少也还能有笔不错的收入（虽然不太多）。在 2003 年中，微软向卡兰尼克提议收购 Red Swoosh，这样一来，该软件巨头就可以把点对点技术应用到操作系统当中。卡兰尼克说，微软一开始的出价简直低得令人发指：才 100 万多一点。他一口回绝了，但是双方很快就一个更合理的价格达成了一致：500 万美元。他说：“这笔交易还是在最后关头被扼杀了，这个结果真的很让人心痛。”不过这种情况在公司并购中并不新奇。

卡兰尼克要是理智的话，在当下关口就应该抽身离开，去找份工作。尽管 Red Swoosh 这个“配偶”虐他千百次，他称自己还是不愿放手。“我就是不信邪。”他这股不屈不挠的韧劲确实给人留下了深刻印象。“特拉维斯是个热血青年，心中有着宏大的愿景。他越说到激动之处，语速就越快，”戴维·霍尔尼克（他是 August 资本的一位风险资本家）如是评价道，“他坚信这是信息传播该有的方式，也唯有如此才能让网络发展得更好。每当我和卡兰尼克谈话，他自始至终总是活力满满，试图让自己的想法照进现实。他真是一位永不言败的企业家，从不愿承认自己被打倒。他的态度一直都是：‘我要想办法做成这件事。’”

2005 年初，卡兰尼克获得了一笔金额不大但意义重大的投资：美国在线（彼时著名的互联网服务提供商）即将和公司签署一项协议。那年 1 月，尽管公司只有两个人，而且常年挣扎在破产边缘，卡兰尼克还是受邀参加了在瑞士达沃斯举办的世界经济论坛年会，作为“科技先驱”（无须缴纳会费，参会者以光荣的实习生身份出席）出席会议。正是在该论坛上，卡兰尼克遇见了阿卡迈公司总裁保罗·萨根。萨根说：“他来找我。他一直认为阿卡迈愿意收购他的公司。”

Red Swoosh 似乎终于有了起色。卡兰尼克称自己和美国在线达成的协议为公司带来了突破性进展，美国在线此后每年将支付 100 万美元以购买服务。而 Red Swoosh 的人员规模也终于能再发展壮大了。可是就在卡兰尼克参加达沃斯会议期间，迈克尔·托德把 Red Swoosh 仅剩的一名员工埃文·曾挖去了谷歌。美国在线一听说这消息，立即取消了交易。“他们说我连最后一名工程师都没了，整个公司只剩下我自己。”

不过，卡兰尼克在找投资者这方面还真是有一手。多年来他和互联网企业家、亿万富翁马克·库班一直保持邮件往来。两人相识的经历也恰恰印证了卡兰尼克的社交天赋。洛杉矶唐人街附近有一家餐厅名叫 Pho87，那里每周末都会为爱好音乐科技的人们组织畅谈会。组织者名叫吉姆·格里芬，是一家唱片科技公司的总裁，他还在网上建立了一个聊天论坛，名叫 the Pho List。卡兰尼克和库班都是论坛成员，而且还时常在论坛上交换颇有讽刺意味的评论，言辞挑衅且武断。由于缺乏资金和人员支持，卡兰尼克只得向库班寻求帮助，并且跟他讲了美国在线的协议一事。库班最终同意投资 Red Swoosh——如此一来，公司的董事会就有卡兰尼克和库班两个人——并且还帮卡兰尼克处理了同美国在线的交易事宜，并最终如愿以偿。卡兰尼克又给 Red Swoosh 搬了一次家，这次搬到了湾区圣马特奥市一处单调乏味的郊区，处于帕洛阿托和旧金山中间的位置。有了库班的投资，卡兰尼克便可以扩大员工规模以谋求更多生意了。

虽然公司有了几个大致的发展愿景，但是由于规模不大，还是会有奇思妙想时不时地迸发出来。2006 年，Red Swoosh 在圣马特奥市的租期到了，卡兰尼克向公司 6 位工程师提议立刻执行之前商量好的计划——这是一群同事喝啤酒时天马行空想出的主意，甚至有点蠢。他说，公司应该搬到某个极具异域风情的海滩旁，附近要有稳定的互联网连接，然后在那儿工作一段时间。团队成员分别写了一些地名抽签，最后抽到了泰国。于是，几天内，公司上下全部启程去了泰国，尽管不知未来将以怎样的结局收场。他们自己找到了甲米附近的莱利海滩。“我们在那儿待了两个月。”后来之所以回国，是因为有些人的女朋友还在家等着，“所以情况就变得有些复杂”。

到了2007年，卡兰尼克即将和EchoStar通信公司签订协议，这是一家卫星电视运营公司，希望提供流媒体产品。然而，鉴于库班已经打算退出Red Swoosh，卡兰尼克未经投资人允许不可能擅自完成交易。于是卡兰尼克又找了一家投资公司Crosslink Capital，公司同意买下库班持有的股份。这样一来，卡兰尼克就可以继续同EchoStar通信公司的交易了。也就是在那时，阿卡迈公司从互联网泡沫中开始复苏，终于有兴趣收购Red Swoosh。尽管这家小型创业公司盈利不高，但是可以让阿卡迈拥有点对点技术，虽然该公司的工程师一直很抗拒这一技术。Red Swoosh仍处境困窘，但至少有了希望。一是由于公司提供的技术终于有了用武之地，二是公司运营的思维模式就是合作互助。阿卡迈后来的总裁萨根这样描述道：“Swoosh的模式就是雇一群海盗把事做好。综合来看，我们收购的更像是一种文化模式。”

阿卡迈最终同意用1870万美元买下Red Swoosh，此时的卡兰尼克即将登上他作为企业家的第一个巅峰。一方面，这笔交易可以为卡兰尼克一雪前耻；另一方面，对于 Red Swoosh 的另一位创始人迈克尔 · 托德而言，可谓喜忧参半。伊利亚 · 海金森一直和 Red Swoosh 的两位创始人都保持联系，他记得当时在 Red Swoosh 的校友社区中，还有人担心托德会出于愤恨从中阻挠交易。想到能从中捞一大笔钱，托德什么也没有做。“他跟我说，‘我才不会对 100 万美元说不呢’。”

2007 年 4 月，阿卡迈同意收购 Red Swoosh，并雇用其少量员工，包括卡兰尼克，他本人答应在阿卡迈工作三年。“而我只待了一年。”他说道。

Wild

04

时机刚刚好

卡兰尼克凭借自己的口才天赋和得来不易的商业头脑——《卫报》曾形容他“说起话来像打机关枪，思考起来却像个商人”——很快就进入了角色。

Ride

卡兰尼克再次走到了职业生涯的岔路口，不过相比 6 年前 Scour 破产的时候，他这一次的处境乐观多了。卡兰尼克活了 31 年，兜里头一回有了点钱：向阿卡迈出售公司后，他本人拿到了约 300 万美元。不过，他还是没法放手尝试新事物。至少目前不行，因为他有了份正儿八经的工作。而且，除了大学的实习经历，这也是他第一次在知名公司工作。

在科技行业，大公司总是在不断地吞并小公司。通常，买主并不在意公司营业额或销售状况，甚至都不关心在售的商品。他们要的是人。阿卡迈公司的保罗 · 萨根坦承了自己收购 Red Swoosh 的目的，他图的是狂热的卡兰尼克和公司那一小群工程师。他们不仅精通一项新的技术，而且为了推行这种新技术，无畏于对抗阿卡迈的工程师队伍，哪怕后者在人数上更占优势。“我利用颇具反抗精神的卡兰尼克和 Red Swoosh 公司，来实现我苦盼多年的愿望。”萨根讲述道。这里的愿望指的是能在阿卡迈出售的软件中嵌入点对点技术。“我们的问题就在于该技术不是在公司内部开发出来的。卡兰尼克还是跟往常一样傲慢无礼，虽然有人会很讨厌他，但他确实能创造价值。”对萨根而言尤其如此。

卡兰尼克有他自己的算盘。不过，在一开始的时候，他确实把收购看成了一次可以继续发展 Red Swoosh 的机会，他自己 20 多岁的那段青春年华几乎都耗在这了。他保留了 Red Swoosh 原来在旧金山的办公室，继续开发他的软件。他说，为了防止受到位于波士顿附近的阿卡迈总部的员工干扰，自己付出了很大努力。“在一家大公司内部开发创业项目，要尽可能地在与项目无关人员之间设一道屏障，比如说让他们觉得很难邀请你与会。公司里的人视我们的项目为‘尤物’，谁都想沾点光。所以我们尽力集中精神，避免他人干扰。但他们最终还是打破了这道屏障，我们也该抽身而退了。”

在科技行业，创业者退出收购自己公司的企业司空见惯，所以卡兰尼克此举也算不上是过河拆桥。（不过，他临走时确实在桌上留了一小笔钱，是未兑现的股票期权。）2008 年离开阿卡迈后，卡兰尼克忽然之间又是孑然一人，不属于任何公司。此外，当时世界经济动荡，他所在的城市也即将经历重大转折。尽管卡兰尼克个人的财务情况有了起色，但是世界其他地方，包括大部分创业公司在内，都备受煎熬。由于美国房地产市场崩溃，华尔街正遭受严重的金融危机。美国进入后来人们所说的金融危机时期，彼时风险投资基金再度严重不足。

在这个全民怨声载道的时期，唯独旧金山的众多科技公司发展繁荣。而当地最关键的城市中心，在信息技术的传奇故事中却一直默默无闻。“硅谷”一词字面上看来只是一种概念，而非具体的地域，但是也可以粗分为由帕洛阿托至圣何塞的 101 高速公路沿线的大片城镇区，位于旧金山南部 50 多英里处。几乎 20 世纪所有重要的科技公司都起步于此，这些公司大多与附近的斯坦福大学及“二战”后涌现的国防工业通信设备公司关系密切。虽然旧金山才是该区域的经济与文化中心——科技人员都会到此参加派对或者购物——但其郊区却孕育了大批颇具影响力的公司。这些大公司就包括惠普（位于帕洛阿托）、英特尔（位于圣克拉拉）、苹果（位于库比蒂诺），以及思科（位于圣何塞）。第一批大型互联网公司就地取材，在“谷里”招聘工程领域的人才，公司也就此起步。雅虎（位于森尼维尔市）、谷歌（位于山景城）和脸谱网（位于门洛帕克）也按照这种模式发展起来。

不过也不能说旧金山就是一片科技荒地。20 世纪 90 年代末的互联网泡沫时期，旧金山涌现出大量小规模互联网公司，大多与媒体或广告科技领域相关，但大多数都昙花一现。接着，就在科技产业经历周期性低迷时，形势悄然发生了变化。新兴软件公司 Salesforce.com 之所以能在旧金山迅速兴起，主要原因在于其创始人更偏好都市生活。后来，谷歌等科技巨头为了吸引在城市居住的年轻人，开始提供有免费 WiFi 的往返郊区的班车。就这样，旧金山重获新生。自那之后，越来越多的公司如雨后春笋般在当地涌现。这些新兴的公司大多以研发软件应用为中心（主要提供给网站和后来兴起的智能手机），不同于早期的资本密集型企业，这些公司需要的资源很少。这意味着，哪怕资金不足，企业也完全可以在狭小的办公室中运作。推特就是这一时期第一个在旧金山大获成功的例子。其他企业也纷纷效仿，因为年轻的工程师慢慢意识到自己不必走过漫漫长路到山景城或门洛帕克，也可以从事有趣又高薪的职业。

就是在这样的时代背景下，卡兰尼克又为自己开辟了一份新的职业：天使投资人，并给企业家提供咨询。所谓的天使投资是一种新风潮。他们投入公司的资金，通常也就几万美元，相比投资公司的投入额少之又少。“真正的”机构基金的风险投资，来自大学捐赠和退休基金。相比之下，天使投资人的专业性不强，甚至是菜鸟级别。他们用自己的钱投资，同时还扮演一群羽翼未丰的创业者的守护神形象。天使投资人投资更多的是基于个人直觉或双方友情，而非基于复杂的金融或技术分析。

卡兰尼克凭借自己的口才和得来不易的商业头脑——《卫报》曾形容他“说起话来像打机关枪，思考起来却像个商人”——很快就进入了角色。他当时对于旧金山的环境还不太熟悉，但很快就和城里其他年轻企业家打成一片，后者多数也不是本地居民。卡兰尼克在卡斯特罗老城区买了套房子，周围毫无时尚气息。他还给房子取名叫争鸣平台（the JamPad）。这个昵称把卡兰尼克性格中又酷又呆拙的男性特质表现得淋漓尽致。他把房子改造成企业家交流的中心，比起加州大学洛杉矶分校的本科生计算机科学协会，这里更宽敞，也更舒适。在这里，朋友可以常常小聚，碰撞观点。

多年来一直大胆行事的卡兰尼克——既没有迈向成功，也没有搬回去与父母同住——现如今知道反省自己了，还懂得和人分享过去的经历。他还成了这个小团体里颇受欢迎的写手。现在手头有了时间，他有时甚至会在推特上发些琐碎的帖子，譬如出去跑步了，抑或他坐了哪次航班。他成了多产的作家——博客名叫 Swooshing——他在博客中免费向企业家提供大量意见，包括如何筹资、如何推广产品。作为旧金山备受一群自命不凡的企业家欢迎的会议中心，他的家甚至还提供免费睡觉的地方。他在 2009 年写道：“想让公司有起色就一定要争强好斗。”他还说：

“如果花钱住宾馆，那么你的花销会如流水一般，所以沙发客成了唯一的选择。争鸣平台既提供豪华有风尚的沙发客体验，又有极具创造力的企业家氛围。”未来那个对出租车公司充满恶意、对国际媒体使坏的卡兰尼克，彼时也想给自己塑造一个讨喜的房东形象。他在博客里写道：“争鸣平台就是我在旧金山的家。在这里，企业家时常能一起聚聚，交流想法，玩《VR 网球》，玩《战争机器》，还能享受私人大厨的精湛厨艺，品尝健康美味的食物。平台正常的开放时间是上午 10 点至下午 2 点。我们也会去户外烧烤，举办艺术交流酒会，玩玩联网的摩托车竞技游戏等。凡是你能叫上名的，我们都玩过。”

卡兰尼克用了“争鸣”一词，恰恰反映出彼时旧金山的主流氛围。早些年，“争鸣”一词表示聚到一起演奏音乐。卡兰尼克的乐器就是科技，更确切地说，是给初创公司带来动力的软件。卡兰尼克虽然不是这群人当中最有成就的——出售 Red Swoosh 所得不过是勉强把他推到了最富有的一批网络公司企业家的最上层——但他也算是领头人。他在各类会议上都是十分可靠的存在，常常组织临时的争鸣会议，让志趣相投的人交流观点。这群人自发地凑到一起，营造出一个——用他们自己的话叫——生态系统，系统中衍生的观点会得到积极的反馈，创造性想法之间会碰撞出火花，最终实现自我提升。

一些事业刚刚起步的人当时也都来到卡兰尼克的争鸣平台，这些人后来渐渐成为时代的领军人物。亚伦·利维是软件公司 Box.com 的创始人，早在 2005 年他就在洛杉矶见过卡兰尼克，当时利维还在南加利福尼亚大学读书。利维之前还找过马克·库班，因为库班是非常出名的博主，想询问马克能否投资他在宿舍创立的公司，主要业务是利用互联网存储曾一度只能保存在电脑硬盘中的文件。库班此前刚投资了 Red Swoosh，他请求卡兰尼克帮他把把关，审查一下利维这个人。利维讲到卡兰尼克时说："我们是在洛杉矶一家咖啡馆见的面。他是我会见的第一批企业家。"库班投资了利维的公司，后来利维辍了学，搬到了伯克利。他搬去的第一周就见了卡兰尼克。"卡兰尼克能让你比别人下更多功夫去思考。在那个平台，你得到的可不光是亿万富翁的意见。我常在夜里给他打电话，而他总能让我镇静下来。"

争鸣平台成了旧金山地区积极进取的企业家关注的焦点。这些企业家当时大都是无名小卒。他们年纪尚轻，经验不足，有的人在谷歌或雅虎之类的公司工作过，正在迫切寻找下一个去处。他们发现自己和卡兰尼克之间有种奇妙的志趣相投的感觉，因为卡兰尼克这个工程师既对创业感兴趣，同时又一心为创业公司好。埃文·威廉姆斯曾把自己创立的第一家公司 Blogger 卖给了谷歌，后来创办了推特。当时他也常去卡兰尼克家。还有克里斯·萨卡，他曾做过谷歌的法律顾问，后来成了优步创始团队的核心人员，也参与了对优步的早期投资。（2016年，萨卡成了电视真人秀节目《鲨鱼坦克》的演员，与他为伴的还有马克·库班，后者是节目的中流砥柱。）卡兰尼克的朋友肖恩·范宁（因创办 Napster 而走红）也去过争鸣平台。利维回忆说，“大家交流的目的并不是让该行业走向终结”，相反，大家希望可以抓住一个好的点子，让它螺旋式地向上发展，讨论如何才能更具颠覆性，以及若要成功需要打败哪些敌人。“这就是我们的平台发挥的作用。”

换句话说，卡兰尼克在家里办争鸣平台是有目的的。“该平台不光是为了把聪明人聚到一个屋子里，彼此交流意见。”萨卡这样评价道，他和卡兰尼克相知是因为两人都曾向阿卡迈出售过公司，“该平台更深层的目的在于，把你的公司也一并带过来，我们一起分析它的未来走向”。卡兰尼克的争鸣平台简直是流动的宴会。他经常召集大家一起开会（就像奥斯汀的“西南偏南”，或是巴黎的 LeWeb 会议），地点就在他和朋友合租的家中。[①] 尽管也有女性参加，但是这种争鸣文化实质上是纯男性化的，核

---

① 西南偏南：每年都在美国得克萨斯州举办，可能是世界上规模最大的音乐盛典。LeWeb：法国互联网创新平台，是欧洲最大规模的互联网大会，至今已举办了 8 届，每一年的主题都不同。——译者注

心与会人员会被科技媒体称为“程序员兄弟”。在洛杉矶的消费类电子产品展销会上，卡兰尼克向推特吹嘘了自己发现的住处：“我在拉斯韦加斯找交流地点时，发现了绝佳的去处，名叫‘皮条客之家’，里面有钢管，有舞台。”此外，他还附上一幅图片的链接。图片里那群举止随意的与会人员边取乐边洽谈业务，其乐融融。

萨卡通常会在他太浩湖附近的家中招待卡兰尼克，家中的泡泡浴缸，自然而然地成了争鸣浴缸。“特拉维斯能在那里一待几小时。”萨卡回忆道。作为房客，卡兰尼克很喜欢参加即兴举办的舞会，或是深夜穿上雪鞋野游。不论放松与否，卡兰尼克把这一切活动都视为某种形式的工作。萨卡说：“特拉维斯只想在自己所到之处讲话，走来走去，做自己的事情，而且边讲话还边做手势。”

卡兰尼克可没虚度这大把闲暇时光。他加入了一个名叫“任我游社团”的企业家团体。团队成员真的就是随意转动地球仪，确定一个地方就去旅行，把历险看作闲来无事而又追寻商业真理的旅途。卡兰尼克曾经在 2009 年的一篇博文中描述了他们一行 12 人去西非的旅行，他在文章中写道：“你希望能够深入了解当地的文化、商业环境、教育状况，以及政府领导阶层。”团队成员在出发之前，会互相鼓励研究一下彼此的业务网络，以便安排路上的会议。卡兰尼克称，他们在西非见到了美国驻葡萄牙和佛得角的大使以及“塞内加尔最大的银行的总经理”。

回到家，他继续投身天使投资项目，不过不同于其他天使投资人，他常花费大量时间与所投公司的创业者交流。他不喜欢其他投资人的行事方式，他们对待这种小额投资的态度就仿佛是在轮盘赌桌上堆筹码般随意。他说：“我是个很走心的企业家。只要有时间，我每周都会抽出 15 个小时跟几家公司交流。我有点像他们的 CXO。”所谓 CXO 指的是顶级管理人员，负责所有交易。他在 Flowtown 公司扮演的就是这样一种角色。Flowtown 是一家网络营销软件公司，著名的早期投资人史蒂夫·安德森曾投资该公司。安德森说：“我就喜欢和表现突出又干实事的人合作。特拉维斯真是最理想的天使投资人。”卡兰尼克彼时涉足的一家公司后来发展成了优步，相比之下，他在其他公司的投资成功率只算得上是差强人意。受他指点的一些公司被收购了，其中就包括 Flowtown 和 DevianArt，至于其他公司，诸如 CrowdFlower、StyleSeat、Kareo 和 Expensify，则在他重新开始自己的事业后举步维艰。事实上，卡兰尼克在创立优步前投资的那些公司的分化程度，就能反映出创业是多么变化无常。每个像推特和 Box 这样成功的公司背后，都有大量的 CrowdFlower 和 Flowtowns。因此，即使是卡兰尼克也预测不到几家创业公司能创业成功。

不过涉猎于此和与人交际确实给卡兰尼克带来了益处，他对于自己下一个全身心投入的事业有了清晰深刻的认识。他说自己也曾一度备受前两次创业经历的打击，不敢再次投身创业。“我真的很怕再创业。我以前爱说，钱不会让你快乐，却可用来给你疗伤。”他说自己最后重返创业舞台的决心恰恰来自伍迪·艾伦。看完伍迪 2008 年的电影《午夜巴塞罗那》后，卡兰尼克说自己被艾伦这位电影人的坚忍深深折服。“电影很好看，我的感受就是，伍迪·艾伦都 70 多岁了，多年来一直都致力于拍摄电影，到现在也还在这行拼搏。”就这样，卡兰尼克又做好准备，重拾企业家角色。

不过，卡兰尼克还是很谨慎。2010 年，他和一个发展迅速的问答网站 Formspring 联系密切。该公司的创始人来自美国中西部地区，后来搬到了加利福尼亚，和卡兰尼克联系上了。安德森说：“整个硅谷对他们来说特别新奇。”安德森是一位风险投资人，也是 Formspring 的投资方。卡兰尼克也投资了该公司，并且表现得相当积极。他正在认真考虑，要在 Formspring 扮演一个更重要的角色。“卡兰尼克成了公司职员的教练。他显然不愿拘泥于投资人这一角色，于是我们就讨论让他运营公司，同意的人爆多。”安德森这样说道。

尽管多年后矢口否认，但当时卡兰尼克确实被 Formspring

所吸引。朱莉·苏潘是一名营销顾问，曾同时与 Formspring 及另一家新兴公司爱彼迎合作。据她回忆，卡兰尼克比普通的咨询顾问要更加强硬。她说："他专横又傲慢。他走进一间屋子，你要是坐着，他就会一直站在那儿。不过他确实绝顶聪明。"

为公司提供指导意见，使得卡兰尼克可以同时评估多家公司。他在 Formspring 的业务越来越深入，公司的创始人都想请他做总裁，可他还是会和之前创业圈的朋友加勒特·坎普一起出去闲逛。坎普是个说话语气温和的加拿大工程师，创立并成功出售了 StumbleUpon 公司，这家公司以一个手机软件为基础，帮助用户寻找网上的信息。2010 年，坎普把自己众多点子之一给放大了——开发一个智能手机软件 UberCab，可以帮旧金山的用户叫到豪华轿车。卡兰尼克为 UberCab 下的功夫和在 Formspring 的投入相差无几，但后者在当时的用户增幅比前者大很多。

事后反过头去分析，在优步和 Formspring 间的抉择再明确不过。当然应该和坎普一起运营优步。"我当时说，'老兄，你选 Formspring？'它规模确实大了不少，可是怎么才能靠它赚钱呢？"坎普回忆道，"我跟他说选择优步绝对会有丰厚的回报。"

卡兰尼克说，他冒险选择优步并不完全是因为其潜在的利益回报。相反，他用生动的语言描绘了这一挑战：暴风雨越是猛烈，放晴之后的彩虹才越壮美。他说："我开始认识到一些事情。

第一，整个事情纷繁复杂。说它复杂，是因为各个部分都充满不确定的因素，确实存在许多变量。第二，整个想法太具颠覆性。第三，数学是关键。最后，在我看来，这并不是个豪华轿车公司，而是个后勤服务公司。在这家科技公司的运营过程中，数学发挥着至关重要的作用。那正是最终打动我的地方，而且时机刚刚好。”

卡兰尼克一意识到时机成熟（当时是2010年9月），便立刻行动。苏潘回忆道：“似乎有那么一个瞬间，他立刻做了决定，然后就离开了Formspring。”安德森还曾试图说服卡兰尼克做Formspring的总裁，只可惜没能如愿。

Wild

05

为什么不能直接从手机上叫车呢

坎普站在第二大街和南方公园大街的交汇处，手里拿着 iPhone，眼看着赴约就要迟到。这时候，他突然灵光一现，想到了后来尽人皆知的一个点子。“我在想，‘为什么不能直接从手机上叫车呢？’”

Ride

要不是一名叫加勒特·坎普的脾气温和的加拿大软件设计师惹急了旧金山两家最大的出租车公司，优步恐怕永远都不会成立。2008年夏天，土生土长的卡尔加里[1]人坎普，已经在旧金山湾区生活了整整两年。虽然旧金山本地人已经习惯了和出租车调度员玩猫鼠游戏，但是坎普受够了。在旧金山打车特别困难，所以大多数市民都会叫顺风车。坎普手机里存了两家出租车公司的电话，这两家公司分别是Yellow和Luxor。坎普说："通常你打电话叫车，对方会说司机大约15~20分钟内到达。他们回复的话说来说去好像只有这一句。但有时候司机30分钟后才到，甚至干脆不来。"还有更可气的，坎普发现有的空出租车从他旁边经

① 卡尔加里是加拿大西南部的一座城市。——译者注

过，连停都不停。“我猜这些车都派给指定乘客了，但不一定离他最近。有时候我等得实在是太焦心了，就会直接坐上眼前那辆空车。之后调度员会给我打电话，问我在哪儿，车已经到了。我就说我都走了，你们来得太晚了。这类情况发生了很多次，最后我就被出租车公司拉黑了。有段时间，两家出租车公司都不接我的电话。”

旧金山就是这副德行，可是坎普不是一般的乘客。后来的事实证明，出租车公司拉黑他真是搞错了对象。就在一年前，坎普把自己创立的公司 StumbleUpon 以 7500 万美元的价格卖给了易贝，不过他本人仍留在易贝，参与公司运营。StumbleUpon 的办公地点离南方公园不远，这个公园靠近市中心，在 20 世纪 90 年代末的工业热潮时是很多互联网公司聚集的核心地带。被拉黑以后，坎普就转而叫稍贵一些但更可靠的豪华轿车服务，偶尔才坐普通出租车。在这期间，他灵光一现，想到了走出窘境的好办法。他借鉴了硅谷一家标杆型传奇公司的做法，对其策略稍微做了修改。

2007 年，也就是坎普成为千万富翁的那一年，苹果推出了第一款 iPhone 手机。尽管该手机因其变革性的触屏设计被视为一次重大的产品突破，但是真正为苹果公司带来转型的那款产品的起步却极为缓慢。在美国，也就是苹果手机的首个投放市场，iPhone 只支持美国电话电报公司的网络，而该网络的服务质量是出了名的差。当时手机上仅有的应用软件，即提供通话之外功能的软件，比如浏览器、日历管理，都是苹果自带的程序。就在外部软件开发人员想方设法为 iPhone 设计非苹果官方授权的应用软件时，苹果却在 2008 年反其道而行之。公司设立了 App Store，所有开发人员都可以在该平台上为 iPhone 设计软件，前提是要通过苹果公司的审核。如此一来，公司既抓住了商业机会，又提升了手机的价值。

那年夏天，坎普站在第二大街和南方公园大街的交汇处，手里拿着 iPhone，眼看着赴约就要迟到，这时，他灵光乍现，想到了后来尽人皆知的一个点子。“我当时想，为什么不能直接用手机叫车呢？”身为工程师的他知道 iPhone 自带 GPS 芯片（一种半导体零件，可以把手机位置发送到通信卫星网络）。“所以我就想，‘如果车里有一部 iPhone，那么车就能利用 GPS 定位；如果手里拿一部 iPhone，调度员就不用记下乘客的地址了。唯一要做的就是在应用软件里设置一个‘叫车’按钮。”

坎普专门搜了搜，发现确实有些应用软件已经在提供类似的服务。其中一个应用 Taxi Magic，虽然的确可以联接用户和出租车调度员，但是没法提供埃普追求的即刻满足感。他说，该服务做法老派，给人“第一代互联网般的体验”，简直是刚起步的移动时代的败笔。坎普知道，隐藏在 iPhone 内部的一项技术有可能激发新一轮技术变革。这项技术就是手机内置的“加速度计”，这是一种运动传感器，是飞行导航系统和汽车安全气囊的标准配置，但是是第一次用在手机上。这种加速度计是 Fitbit 和 Apple Watch 等健康设备的关键配件，能够准确追踪行程。坎普看到了另一种可能性。利用加速度计和手机内置的 GPS 这两项功能，不仅可以追踪汽车位置，还可以追踪汽车的行驶速度。坎普说：“这样，手机就可以在后台自动计费。”换句话说，行驶过程中，出租车计价器打表记录行程时，系统会利用内置芯片的智能手机绘制出包含起点、终点及全程时长的路线。此外，利用手机强大的运算能力，中央大型计算机可以把乘客和司机直接联系起来，不再需要中间的调度员。

坎普开始和朋友探讨自己的点子，立即行动已经成为这个年轻的旧金山企业家的第二天性了。接着，他做了一件大多数人都想不到的事，但这件事却成了他创业序曲的一个乐章：2008 年 8 月 8 日，他花 35 美元注册了一个网站 www.ubercab.com。多年之后，优步已然是首屈一指的市场策略的代名词，在庞大的全球市场提供交通服务。有些人觉得，德语的“über”一词会给优步带来不好的影响，因为会让人联想到尼采的“Übermensch”[①]。不

① 德语词“Übermensch”源于尼采的作品，意为“超人”。——译者注

过坎普取名跟这个毫无关系。起先，尽管对出租车服务很不满，他创业也只是为了提升豪华轿车的用户体验，而不是为了解决打不到车的烦恼。他当时还顾不上考虑这么深远的问题。坎普设想的豪华轿车，是一整排车身平滑的奔驰 S 级豪车，而非旧金山当地更常见的四四方方的林肯城市汽车。他说："我设想的车身设计更典雅，在行驶时内置系统也更高效。"对坎普而言，über 一词代表"更好的系统"，隐含了德系车的优雅。如此一来，公司名就此诞生，也就是一个代号而已。

预先注册网站只是坎普的赌注，这是一种为潜在利益下注的方式，以期未来有一天该项目发展成为真正的业务。事实上，他一直都在为未来可能创立的公司注册网站。埃普的朋友赖安·萨维尔在优步刚起步那几年在推特任经理。他说："加勒特就喜欢买域名。不论我什么时候想出一个点子，打电话给他，他总会让我去找他认识的人，分析可行性，估算成本。"

要想把一个小点子发展壮大成业务，即便有了吸引人眼球的公司名字和网站，仍然需要付出巨大努力。由于坎普已经成功创立并出售了一家公司，而且出售所得比卡兰尼克高出好几倍，他完全有充足的资本进行尝试。

2001 年，坎普和他在卡尔加里大学的几个朋友一起创立了 StumbleUpon。那就是个简单的软件，在个人电脑的工具栏里添加了一个选项卡，帮助用户搜索网上有趣的东西。那时候还没有智能手机和第三方应用软件。只需要动动大拇指，StumbleUpon的算法就能找出用户有可能喜欢的其他内容。这就是后来坎普提及的第一代互联网的体验。其实，产品简单易用的特点掩盖了设计过程中软件代码的复杂性。当时坎普即将获得软件工程硕士学位，尽管他和朋友们一直自力更生，靠自己的劳动和为数不多的现金运营 StumbleUpon，但是他们的毕业研究却跟产品息息相关。坎普毕业论文的主题是“利用协作接口设计与进化算法完成信息检索”。

跟后来成立的脸谱网一样，StumbleUpon 也是起步于大学生宿舍的创业范本。虽然员工只有坎普和其他几名始创人员，但是公司发展迅速，很快就拥有了上万名用户。（之后几年，随着早期的原生广告开始流行，公司的营业额逐渐增加。）2005 年，坎普毕业前夕去了趟旧金山湾区，部分原因是 StumbleUpon 的联合创始人杰夫 · 史密斯当时正在参加由奇点大学主办的一场会议。奇点大学主要探索的是人机交互的未来。那次会议以后，坎普当年又去了一次湾区，见了几位投资人，其中就包括著名的天使投资人乔什 · 科佩尔曼、拉姆 · 西瑞姆、布拉德 · 奥尼尔和罗恩 · 康威，这群人很乐意买下 StumbleUpon 的股份，因为它拥有庞大的用户群体。

包括坎普在内的这群加拿大人很吃惊，在加州竟然这么容易就能筹到钱。他回忆道："每个人都在问，'你们有多少员工呢？'就我们几个创始人。'你们筹了多少钱？'一分也没筹到。'还有谁在为你们提供帮助？'没有别人，就靠我们自己。"坎普说，他倒没有特别强烈的愿望想在研究生毕业后就搬去加州，其实去温哥华、伦敦、蒙特利尔都可以，但是他确实被加州狂热的投资氛围迷住了，那里的投资人是真正懂科技的。他说："投资人掌控着我想要去做的事情。卡尔加里当然也有很多技术产业，但大多数无关网络，比如石油或天然气技术产业。互联网技术相关产业并不多。"旧金山就不同了，"我不过才去开了5次会，每个投资人都愿意投"。

很快，坎普就成了旧金山众多创业者中的一员。2007年，当时距离坎普首次到旧金山湾区筹资才过去不到两年，他就把StumbleUpon卖给了易贝，后者对该公司直观的推荐工具很感兴趣。同年坎普又参加了"大堂会议"。

会议由August资本的一位风投戴维·霍尔尼克发起。会议的理念是，此类大事最佳商讨地点是大堂，而非舞台。"大堂会议"期间，与会人员直接切入正题，摒弃了不必要的传统展示和小组讨论——确保大会不偏不倚，严格围绕互联网主题进行。霍尔尼克的听众——所有与他过去有过合作或者将来有合作机会的企业家——都毫不掩饰地极其关注自身利益。“大堂会议”在夏威夷豪华的费尔蒙兰花酒店召开，这也是坎普第一次和卡兰尼克见面，当时后者的公司 Red Swoosh 已经拿到了 August 资本的投资。坎普、卡兰尼克和推特的联合创始人埃文·威廉姆斯共进了晚餐，推特在当时算得上是旧金山最炙手可热的初创公司。

2008 年底，坎普在注册 UberCab 网站的几个月后，开始在自己的企业家社交圈内四处散播这个想法。他说：“当时真的只是有这样一个想法，想听听朋友们的意见。其实就只是在脑子里想想，每次坐林肯城市汽车的时候，就会想得更深一些。然后我就开始咨询一些司机，他们告诉我有三分之二的时间都空车闲着。所以我就想，如果能稍微降降价，司机一天的短途订单涨到原先的 5 倍，而不是只载客到机场，那么打车费用大概可以低到一个临界值，足以让乘客使用这种方式乘车，而不再打出租车。

现在看来，创立优步绝对是意义重大的决定。可在当时，这不过就是一时兴起，也许能有美好的前景，但更有可能一无所获。坎普说：“我当时就在找可以给我支着儿的朋友，后来算是找到了有此意向的 4 个人，卡兰尼克就是其中之一。”其他三位分别是：蒂姆·费里斯，他当时刚出了本书《每周工作四小时》，凭借此书，他一举成为著名作家、演说家和播客主持人，投身于有利可图的流行文化产业；史蒂夫·张，他在创业上也小有所成；最后一位是史蒂夫·拉塞尔，他曾经投资过 StumbleUpon。刚开始的时候，优步的点子都是在坎普一个人的脑子里不停地转，有时朋友间聊天也会提到。“我就是把这个想法跟一群人讲了一下，他们四个觉得挺有意思的。整个过程都很随意。我当时有一些模型，整个理念也快要成型。我还花了大量时间上网搜资料。”

优步成立初期，整体氛围十分随意，既没有办公室，也没有员工。但随着坎普跟人交流得越来越多，更多人加入进来。坎普在卡尔加里大学的同学奥斯卡·萨拉扎之前搬到了纽约，他答应为坎普设计的模型编写部分代码。后来萨拉扎又找了一些自己的朋友帮忙设计 UberCab 的网站。坎普在旧金山有位朋友对他帮助极大，和他一起构思想法，还在家里举办临时会议。坎普说：“卡兰尼克简直是我进行头脑风暴的最佳拍档。”

虽然打豪华轿车的主意让坎普、卡兰尼克以及其他参与者兴致颇高，但他们手头可不止这一项工作。当时坎普还在为易贝工作，卡兰尼克也仍然受雇于阿卡迈。但是两人的职位也都不需要百分百全情投入。他们在大公司工作，都有大量的空闲时间忙活自己的“副业”，还可以出去见见朋友。2008 年 12 月初，卡兰尼克和坎普去巴黎参加了一次行业会议。此次大会由洛伊·勒穆尔主办，这位来自法国的博主迫切希望自己也能跻身为硅谷企业家中的一员。当时，洛伊·勒穆尔和妻子杰拉尔丁一起，成功吸引了一批来自美国的优秀的互联网青年才俊，不必费力劝说，他们就来到巴黎参加这次会议。对于来自欧洲的与会人士而言，LeWeb 大会是一次难得的机会，能与来自硅谷的未来精英比肩。

勒穆尔已经主办了 12 年的 LeWeb 大会，讲到过去那些发生在巴黎的意义重大的时刻，满是自豪。他骄傲地说："杰克·多尔西（推特的联合创始人）就是通过 LeWeb 发布的 Square（一家移动支付公司）。"他还说："SoundCloud 就是通过 LeWeb 找到弗雷德·威尔逊从而筹得资金的。"SoundCloud 是欧洲十分流行的一款音乐存储服务，弗雷德则是纽约著名的风投。他还提到了一家以色列地图公司，后来被谷歌收购，为谷歌和优步的竞争奠定了基础："Waze 赢得了创业公司之间的竞争。"这些科技人员甚至还在这座爱意满满的城市体会了一把浪漫。勒穆尔提到了玛丽莎·梅耶尔："玛丽莎就是在 LeWeb 订的婚。"她曾在谷歌任经理，后来成了雅虎总裁。当时还是玛丽莎男朋友的扎卡里·鲍格还去征求过勒穆尔的意见，问他在哪儿求婚比较好。"我让他直接在大会台上求婚，但他没同意。"

2008 年的 LeWeb 大会确实令人难忘，不过倒不是因为会议本身，而是开会期间整个巴黎遭遇的暴风雪。暴雪中，勒穆尔好不容易把发言人和与会者送到大会现场。巴黎出租车司机的名声不太好，关键时刻不给力。“巴黎的出租车司机不会和你打招呼，拒载短途乘客，还不愿找零。”勒穆尔如是说，他是地地道道的佩皮尼昂人。佩皮尼昂是法国南部的一座城市，靠近西班牙边境。当时，雪一下，“出租车都停运了，一辆也打不到。这件事给了加勒特和卡兰尼克极大的启发”。

其实，尤其对坎普而言，根本就不需要启发，因为几个月来，他一直在琢磨怎样才能修理一下旧金山冷漠无礼的出租车司机。然而，暴风雪却让这两个人站上了埃菲尔铁塔顶端，他们爬楼梯，乘电梯，一路向上到了塔顶，讨论坎普 UberCab 的点子。这次谈话也成了公司创立传说的一部分，就是在那一刻，两人决定创立公司。这个故事对卡兰尼克的好处不言而喻，毕竟他并未参与创立 UberCab。优步官网上有一个版块标签为“我们的故事”，里面写道“2008 年的一个雪夜，特拉维斯·卡兰尼克和加勒特·坎普在巴黎街头打不到车，所以就想到一个简单的主意——按下手机键，就能打到车”。跟其他公司创立的传说一样，故事简洁明了，恰到好处，似乎就是当时一拍即合的结果。只是这未免太简单化了，并不是故事的全貌。

据坎普回忆，那晚真实的情况是，卡兰尼克贡献了一个关键的洞见，让整个创业项目从所谓的“争鸣”发展成后来的优步。很长一段时间内，坎普都认为这次创业需要公司买下大量豪车，并且雇用大量司机，他甚至还在考虑租个车库。卡兰尼克劝他没必要这么做。“他在埃菲尔铁塔上劝我，‘你没必要买车，直接让司机用这个应用软件，这样他们不就变成咱们免费的代理商了？这种运作模式更好，我们有免费的代理商，他们什么时候想干活都行，工作很灵活。’”

也正是在那之后，卡兰尼克才意识到，自己给坎普提的这一高明意见——利用他人的劳动和资产，而不用自己花钱购买——和他此前创立的Scour和Red Swoosh的运作模式极为相似。他说：“我当时并没意识到这一点，这简直跟我过去的经历如出一辙，可是你的大脑就是会自动想到这些。”

此外，那年冬天卡兰尼克脑子里装的不止发展这一颠覆性交通业务。“我有一个想法，基本上是爱彼迎的升级版。就像是在各个城市都有长期租约，这样在你旅行的时候不论到哪座城市都会有宾至如归的感受。这种服务就叫Pad Pass。”从卡兰尼克的推文中不难发现，他当时跟坎普讨论豪华轿车业务的时候，还考虑着其他事情。2008年12月，他在推特上说自己正在和一家医学记录公司商谈。此外，他还有一个项目和艺术租赁有关。他认为：“每个人都希望生活中有点儿艺术气息，却没人愿意为此付费。有谁会向艺术巡展说‘不’呢？花费低，价值高。”

2009年初，坎普和卡兰尼克成了好“驴友”。克里斯·萨卡过去常去争鸣平台，他一直负责为奥巴马参加总统大选包装形象。他为总统就职典礼募集了60万美元，还邀请了许多乐队——每首歌12500美元——参加为期多天的活动，包括就职典礼、舞会，以及碧昂斯和布鲁斯·斯普林斯汀的演唱会。坎普和卡兰尼克也参加了这些活动，和他们一道的还有埃文·威廉姆斯、谢家华、林君睿，后两位都是在线零售鞋店Zappos的早期投资者。

湿冷的天气让这两人再度饱受折磨，不过也可能又或多或少地激励了他们。林君睿回忆道："特拉维斯和加勒特受够了在不同聚会间辗转打车时漫长的等待。"虽然卡兰尼克的旅行经验很丰富，他到华盛顿时却准备不足。林君睿的妻子丽贝卡说："我们一起去参加了就职典礼，特拉维斯特别惨，他没想到华盛顿会那么冷，带的衣服也不多。""我记得他当时头戴针织帽，帽子两边垂着长长的流苏，头顶上还有一个毛球。这帽子还是他跟当时的女朋友借的。"

回到旧金山后，坎普就开始考虑UberCab未来的发展问题。只不过整个进程十分缓慢。他说："想法我一直都有。但是，要做一件事，难免要思前想后很久，才会真正付诸行动。这一次感觉时机到了，不能继续凭空想象下去了，必须得开始做点儿什么。

"我一开始并没打算创办公司，感觉更像是开发一款产品。

不过我当时手头就只在忙这一件事。”2009年初，坎普花15000美元开了个银行账户，用于之前创办的网站Ubercab.com。坎普估计，网站运营的前18个月可以获得约25万美元的收入。

由于坎普还要分时间给StumbleUpon的工作，网站的发展时断时续，整个过程持续了将近一年。他说：“我设计出来交互方式，以及整体的运营模式，甚至还有模型来展示车流。你只需要按下手机键，就能看到车辆接单，还能了解司机的评级。我过去在StumbleUpon就用过评级系统，所以我感觉优步也应该用。不过我没有沿用过去的“点赞”或“差评”，而是换作星级评定，这样也许更合理一些，因为结果更清晰明了。

最开始，UberCab只有网页模式。而随着公司羽翼渐丰，在发展出iPhone的应用软件后，这已然成了跨国业务。坎普在卡尔加里的研究生校友萨拉扎已经把网站的部分工作移交给了墨西哥的开发者。之后，他找了两个荷兰人设计第一款可以在苹果手机平台（iOS系统）上运行的应用软件。

随着公司的发展日渐明朗，坎普希望卡兰尼克能为UberCab投入更多精力。于是，卡兰尼克签了协议，成为公司的顾问，手中还持有公司的大额股份。卡兰尼克说：“他分给我大约10%的股份，我和之前搞工程的兄弟联系很频繁。2009年末，坎普已经跃跃欲试，想试运营UberCab，但是应用软件方面仍有待完善。卡兰尼克委托软件工程公司 Mob.ly 为 iPhone 端的应用软件做细致检查，Mob.ly 公司后来成了商业网站 Groupon 智能手机端的开发团队。坎普说：“Mob.ly 基本上是把应用软件彻底改写了一遍，好让软件运行更稳定可靠。”

软件的重新编写工作临近尾声，坎普和卡兰尼克开始考虑在新的一年里“试驾”。与此同时，坎普仍继续他的“研究”，在城里乘坐外观时尚的豪华轿车。风投公司 First Round 资本的创始人乔什·科佩尔曼曾投资过 StumbleUpon，罗伯·海耶斯是该公司的一位风投，他印象很深的一点是，2009 年假期聚会，他看到坎普就坐在时髦的豪车里兜风。海耶斯说：“每年，拉姆·西瑞姆（他也投资了坎普创立的第一家公司）都会在他靠近帕洛阿托一处繁华郊区的家里举办圣诞派对。我还记得那天，加勒特从一辆黑色的车上下来，旁边大概是他的女朋友，他似乎在思索些什么。我开车来这里，而他从一辆豪华黑色轿车里钻出来，当时感觉酷极了。我到现在还记得那种感受。”事实证明，这次创业确实获利颇丰。

2010 年 1 月，坎普和卡兰尼克准备测试这项服务。他们计划在旧金山试运营，需要有人来监督运营过程。2010 年 1 月 4 日，卡兰尼克发了条推文，称自己“正在为定位服务寻找企业产品经理和产品推广人才”。在这段一共不超过 140 个字的推文中，他还指出该服务只是“试运营”，合格的候选人将获得“大额”股份，而且还有“大咖一同加入”，其实指的就是他自己和坎普。

其中一名响应号召的就是27岁的赖安·格雷夫斯，他当时在通用电气芝加哥分公司从事中层管理工作，这个年轻人当时迫切地想把自己重新定义成一个“创业者”。格雷夫斯在Foursquare（一家基于用户地理位置信息的手机服务网站）软件上表现极为活跃，甚至在芝加哥好几个社区都达到了“市长”级，只有频繁使用软件才能达到这个等级。他曾经飞去纽约，找到Foursquare创始人丹尼斯·克罗利，谋求一份工作，不过没成功。卡兰尼克发布推文寻找愿意在优步旧金山公司工作的人，三分钟后，格雷夫斯就回复：“给我发邮件吧。”

之后不久，坎普和卡兰尼克就一起去了纽约，同行的还有伊塞·勒纳，他创立的公司Mob.ly之前帮UberCab重新设计了手机端应用。此行他们见到了奥斯卡·萨拉扎，找了三辆豪车车主，安排他们在寒冷的天气中试运行了几天。他们还让格雷夫斯来参加面试，并演示了一下他的解决方案。坎普说：“我们试了好多次。”软件有时好用，有时不好用。“其间我们还做了很多记录。”卡兰尼克也见到格雷夫斯，并当场录用了他。既然创业梦已然成真，格雷夫斯和他的幼教妻子莫莉便开始计划搬去旧金山，从3月1日起开始在UberCab工作。

就在卡兰尼克发推文招募UberCab的首名员工时，坎普利用加拿大的一款软件确定了公司的第一名工程师。2010年上半年，之前在卡尔加里一家科技公司工作的康拉德·惠兰决定辞职，环游欧洲。旅行回来之后，他找坎普叙旧。坎普便邀请这位暂无工作的朋友加入UberCab。惠兰回忆："我刚加入公司的时候，软件还不能注册用户。UberCab就只是个叫车的工具。所以我设计了注册流程，绑定用户信用卡，并开设个人账户。"

新公司很快陷入几乎所有创业公司都会面临的窘境：办公空间严重不足。UberCab仅有的几个员工挤在一间会议室里，这个会议室还是旅游网站Zozi租给他们的。赖安·米基仑当初在俄亥俄州的迈阿密大学上学时就认识了格雷夫斯，他在惠兰之后加入优步，担任公司的软件工程师。

最先遇到的障碍竟然是语言关，这是他万万没想到的。米基仑说："我还记得第一天上班，桌子上有厚厚的一摞书，全都是计算机科学、编程、数据库等这一类的内容。书都是全新的，封皮都还没拆。只有一本书破破烂烂的，似乎格外受偏爱，使用很频繁。所以，我当时说的第一句话就是，'康拉德，桌上那本西班牙语–英语字典是用来干什么的？'他回头看了看我，说，'赖安，程序代码都是用西语写的。欢迎来优步。'"（代码用西语，是因为奥斯卡·萨拉扎之前雇的几个开发人员是墨西哥人。）

这边，工程师在完善 UberCab 的软件代码；另一边，格雷夫斯开始在旧金山的车库里为司机注册。做这项工作不仅要坚持不懈，还得有耐心，尤其是你要向对方解释清楚，这个代替了传统派车服务的智能手机软件该如何使用。格雷夫斯完成得相当出色。这个来自美国中西部地区身高一米九五的大个子，总是坚定地跟人握手，并报以大大的微笑。当时是 UberCab 咨询团队成员的克里斯·萨卡说，他看起来就像“20 世纪 70 年代广告海报上的明星”。“赖安办事效率很高。他很清楚怎么让一群满腹疑虑的出租车司机转变态度。那些司机在走进车库时还充满疑虑，而出来时却都给他一个大大的拥抱。”

2010 年 5 月底，优步悄无声息地成立了，公司就只在旧金山有几名司机和乘客，乘客还是靠新时代的口头营销拉来的：卡兰尼克、坎普，以及其他工作人员在推特上的粉丝口口相传。跟苹果等大公司发布新产品相比，UberCab 的亮相实在低调很多。要是不玩推特，你可能根本都不知道它的存在。在旧金山有这么一小批人对此类事情了如指掌，他们有点儿像那种“内幕知情人”，总能第一时间预知刚开业的餐厅或酒吧。事实上，优步最开始的定位就是给年轻有为、在城里闲逛的创业人士提供代步工具，就像创业标语说的那样：“做每个人的私人司机。”节俭的卡兰尼克——成了亿万富翁后还是吝啬鬼——把优步的成功归功于坎普。卡兰尼克说："没有人比加勒特·坎普更能名正言顺地进出优步的大门。"

UberCab 创立后没几天，自诩为主创的卡兰尼克和格雷夫斯就开始为公司募资。急需资金的初创公司需要一位首席执行官。当时还是总经理的格雷夫斯，给卡兰尼克发了推文应聘这一职位，接着就上任了。卡兰尼克说："种子期融资没有首席执行官可不行。格雷夫斯时间充裕，所以当时我们就说，'格雷夫斯，你就当首席执行官吧。'"

创业二人组一开始的路走得并不容易。August 资本的戴维·霍尔尼克并不看好公司的创意，他认为出租车生意做不大。Benchmark 资本的比尔·居莱也有同感。曾和坎普在 StumbleUpon 一同共事的拉姆·西瑞姆也感觉 UberCab 并不具备科技公司该有的属性。"我告诉他们，'我向来不投资资本密集型企业，我也不想最后剩 15 辆林肯城市汽车砸在手里。'"许多投资者都不看好卡兰尼克和坎普兼职运营 UberCab。而在赖安·格雷夫斯入驻硅谷体验了三个月的企业生活之后，有一位投资人看到了 UberCab 的潜力，他就是 First Round 资本的罗伯·海耶斯。海耶斯在推特上一直关注着坎普，他还注意到坎普时不时会提起 UberCab，不过海耶斯比坎普大 10 岁，两人的社交圈也大不相同，海耶斯并不明白 UberCab 到底是什么。2010 年 6 月 15

日，叫车服务运营不过几周时间，海耶斯给坎普发了一封题为"UberCab"的邮件。整篇邮件的内容如下："我要投资……能让我多了解些信息吗？"坎普当即把海耶斯和另一位投资人介绍到一起。海耶斯说："我用你们的软件叫过一次车，感觉还不错。我是旧金山人，已经彻底放弃了这里的出租车服务。所以我感觉这个软件在旧金山绝对可行，说不定在其他地方也有戏。"其他投资人则对 UberCab 嗤之以鼻，因为豪车服务发展前景毕竟有限。海耶斯称，让他着迷的并不是豪车服务，而是整个软件无可比拟的便利性。"优步根据现有的黑车市场规模来预估公司的发展空间，这样做不太好。除此之外，我对 Uber 和 UberX 一无所知。我甚至都不确定这一业务在纽约能否顺利运营。但我明白一点，那就是它确实比现行的出租车服务好很多，切实解决了打车问题。"

UberCab 的首轮融资共募集到 125 万美元，投资人包括 First Round 资本、克里斯·萨卡的基金 Lowercase 资本，以及一部分旧金山的天使投资人，公司市值 400 万美元，其中不包括新投入的资金。只不过几年后，这些钱连优步最初估值时的舍入误差都不到。First Round 只参加了种子期融资，当时出资 45 万美元。这笔投资后来为它赚回了数十亿美元。

卡兰尼克手头宽裕了，他也感觉是时候全情投入 UberCab 的工作了，彼时公司已经搬去 First Round 位于旧金山市场街南区附近的办公室。然而，卡兰尼克只对一份工作感兴趣，那就是赖安·格雷夫斯的首席执行官一职。卡兰尼克成功说服萨卡做中间人，给格雷夫斯精心设计了一次“降职”，让他从首席执行官做回运营副主管兼旧金山部门的总经理。（作为律师、董事会成员、投资人，以及创始人的朋友，萨卡在这个尚不正式的公司恰到好处地扮演了中间人的角色。）卡兰尼克也想在优步拿到更大份额的股份，而不是一开始坎普给的 10%。他要求坎普和格雷夫斯各自抽股给他，让他占股 23%。坎普称自己深知为了获得高价值的雇员，放弃股份是值得的。“我愿意让出大额股份，只要能雇到对的人。”至于格雷夫斯，他告诉科技新闻网 TechCrunch，卡兰尼克全职加入优步，自己当时“像打了鸡血般兴奋”，这一措辞甚至登上了头条，TechCrunch 以其素来尖锐的口吻戏谑了一番格雷夫斯的降职经历。尽管很受伤（后期因为自己创始人的身份和卡兰尼克冲突不断），但是格雷夫斯还是在优步高层及董事会的位置上待了多年。他还创造了对优步企业文化至关重要的一个词。多年后，优步员工还是在不停地说，他们总是“像打了鸡血般兴奋”，话里完全没有任何讽刺的意味。

2010 年 10 月，也就是卡兰尼克当上优步首席执行官的那天，一个人手里拿着写字板，出现在 UberCab 的办公室，来找赖安·格雷夫斯。这个人送来了旧金山城市交通管理局和加州公用事业委员会发出的禁令。上面写着：由于公司名为UberCab，因此它要么是出租车公司，要么附属于出租车公司，旧金山交通局有权予以管治。卡兰尼克很直接地做出回应：把公司名中的“cab”删掉，不理会这封禁令。

Wild

06

西雅图遍地是极客

2010 年秋天，特拉维斯 · 卡兰尼克决定接手优步，当时公司规模还不大，只在旧金山一座城市运营了四个月。整个 9 月，在卡兰尼克争取担任首席执行官期间，UberCab 共搭载了 427 名乘客。

Ride

2010年秋天，特拉维斯·卡兰尼克决定接手优步，当时公司规模还不大，只在旧金山一座城市运营了4个月。整个9月，在卡兰尼克争取担任首席执行官期间，优步共搭载了427名乘客。2011年，公司开始筹措资金，把业务逐步扩展到许多其他城市。颠覆性的技术与其素来“凭感觉走”的特质给这个年轻的企业注入了新的活力。优步的企业文化就在于兢兢业业，员工能够接受漫长的工作时长，对任何工作都抱有值得一试的信念。后来，卡兰尼克想到了“比特与原子”这一微妙的比喻，用于形容优步数字技术与实体资产的独特结合，也正是这两个元素让优步在众多互联网公司中独树一帜。

然而，比喻虽妙，实际情况却相差甚远。当时，卡兰尼克把优步看作一个亟待解决的数学难题，数学是他用来形容复杂的操作难题时最常用的比喻。

如果说卡兰尼克在空气中看见的都是方程式，就像电影《美丽心灵》中罗素·克劳饰演的约翰·纳什那样，那么，在他全职加入优步之前，公司创始员工心心念念的都是创立一家企业需要涉及的最普通的问题。奥斯汀·盖德特是优步的创始员工之一，她2010年夏天进入Uber做实习生。盖德特大学学的是英语专业，她职业生涯起步较晚，入职时25岁。（5年过后，她成了优步资历最深的高管之一，彼时的盖德特也可以向人们讲述她在加入优步之前对抗毒瘾的坚韧经历。用她的话说，跟克服毒瘾相比，在这样一个备受瞩目且飞速发展的公司工作，感受到的压力其实是可控的。）和许多其他员工一样，盖德特也是在推特上看到优步的相关信息的。她说："我当时正在找工作，国家整体经济状况并不景气。我在推特上关注了一些科技人士，其中有人的推文里就提到了优步，看上去还蛮有意思的。听说优步在招实习生，我便联系到当时的首席执行官赖安·格雷夫斯，跟他说'你一定要给我一次机会'。"他同意了。

在公司团队中，盖德特是为数不多的非工程师出身的人，所以公司的物流业务，或大或小，都由她负责。她身兼数职，既是办公室经理，也是市场研究员，还是客户代理。盖德特在消费者点评网站Yelp上找到了一些豪车司机，直接给他们打去电话，询问他们是否愿意做优步的司机。在旧金山的耶尔瓦布埃纳会议中心，她四处分发传单，“没有一个人感兴趣”。优步网站及应用软件上只提供了一个电话号码，那就是盖德特的手机号。“我有时会在凌晨三点接到电话，对方说‘我打不到车了’或者‘我在第四大街这儿，给我派辆车’。我只能说‘你得用软件才行啊’。后来我们就把那个号码停了。”创业生活变幻莫测，这是盖德特在创业过程中学到的宝贵见识。她说：“我刚开始都不知道怎么写出得体的邮件。后来我很快就发现，原来大家都在试水。在创业公司，没有人懂自己在做的事情。”

优步也犯了不少错误。2010 年中，优步在旧金山刚投入运营几个月，当时公司首席执行官还是赖安·格雷夫斯，坎普和卡兰尼克还在忙活别的工作。开始阶段公司内部很混乱，员工都是边工作边学习，这一切都成为优步“剧本”的内容。比如，公司创立后第一个万圣节，为了招揽乘客大打折扣。这一营销策略反响很好，但有点儿好过了头，招致了部分乘客的不满情绪。盖德特说，“那天谁都打不到车”，折扣带来的大量客流超出了司机数量，“所以我们学到了一点，那就是永远不要在客流量最大的那天搞优惠。我们当时不知道啊”。（事实上，优步后来采取的策略恰恰相反：在客流高峰期间提价，尽管这一“提价”方案备受争议，也令乘客厌烦，但达到了预期效果，越来越多的司机加入了优步。）

盖德特不是唯一一个在工作中逐渐积累经验的人。格雷夫斯开始拜访豪车车主的车库。他只关注那些豪车司机，而不是普通出租车司机，渐渐地他发现自己的重点宣传对象并不精通于技术。“当时就是为了宣传我才买了 iPad，这样一来整个演示过程就十分清晰明了。我还要把双向体验都展示给他们看，包括乘客如何提交请求以及司机如何接单。展示时用的是一幅超大的谷歌地图，有一个绿色的按钮，再也不用像过去那样在特定地址别一根大头针了。我只需要按下在线演示里的绿色按钮，等着它运行就可以了。”智能手机当时还是奢侈品，所以优步决定给所有司机都免费配备一部 iPhone。格雷夫斯说：“我们早早就与美国电话电报公司达成了交易。”他指的是那家以无线网络覆盖范围广著称的大型运营商，但当时它是 iPhone 的美国独家经销商。“我感觉优步算是开了美国电话电报公司的先例，这大概是它的第一个也是最大的非政府客户。公司一度配有十几万部手机。”

运营第一年，假期成了公司业务的重要转折点，有得也有失。First Round 资本参与种子轮投资的罗伯·海耶斯对优步早期发展很有远见。2010 年最后几个月，优步搬到了他的公司附近办公。卡兰尼克办公的地方离海耶斯很近，两人经常交流。海耶斯说：“公司近几个月业务飞速上涨。可感恩节一到，客流量再度一落千丈。卡兰尼克做了一个表格，用来显示乘车人数增长情况，感恩节那一周的曲线陷入低谷。你会想‘天哪，这是怎么了？ 是打车软件出毛病了吗？’”其实，并不是软件出了问题。只不过是年轻的乘客可能在感恩节期间回到他们的老家过节去了。“感恩节那周一过，再看曲线，人数又恢复到了原来那么多。然后又到了元旦。这个新年打破了我们所有的疑虑，业务量实在是太可观了。”

优步成立之初，口口相传确实对吸引乘客起到了巨大作用，只是若想扩大供应——让越来越多的司机在软件上注册账号，以满足搭乘需求——则需要另辟蹊径。毕竟，豪车司机不同于写软件代码的二十几岁的年轻工程师，他们不太使用社交软件，也不会费力气在推特上搜索有关科技创业公司的最新信息。司机必须经过优步许可才能用打车软件载客，他们本来就有自己的客源。所以不论赖安·格雷夫斯怎么商量，司机都不同意把优步作为他们唯一的载客渠道。如果说有一个节日是为优步量身打造的，那么这个节日一定是新年前夜的醉酒大狂欢。2010 年最后一天，格雷夫斯在优步的办公室里安了张桌子，用于司机注册，并发给他们装有优步打车软件的 iPhone。他说：“不夸张地说，我们在新年前夜一直忙活到晚上 11 点。当时就想看看自己究竟能拉多少人入伙，吸引他们迈进办公室，给他们展示软件操作流程，发给他们一部 iPhone，完成个人账号注册，当晚就可以载客。我们每多招一名司机，就意味着车量供应更充足，乘客的体验会更好，市场运作效果也就更好。所以这份苦差事不到最后一刻都不能停。”

2011年，优步在旧金山已经小有名气，公司决定把业务范围扩大到其他城市。起先，扩张计划中十分注重当地的市场规模，以及感觉敏锐的“技术通”。至少在一开始，优步认为，如果一座城市里有许多精通技术的人，这群人就能发挥积极作用，推广这种新的出行方式，帮助这家旧金山的公司在当地运营下去。优步扩张的第一站是纽约，尽管市场庞大，但不同于旧金山的是，当地的出租车产业发展势头强劲。接着，优步很快又席卷了西雅图、芝加哥、波士顿，以及华盛顿特区。

运营主管赖安·格雷夫斯负责监督公司在每一座新城市的扩张，同时还管理扩张地区公司的总经理。格雷夫斯的副手、由实习生转正的奥斯汀·盖德特负责开发一种程序，帮助优步在新的城市投入运作。纽约之行她就提供过帮助，但她首次经历重大考验则是在西雅图。她得到的命令是前往北方，为几个月后另一场试运营提前做好准备。盖德特又开始在四处奔波中不断学习。卡兰尼克指导她，在新城市试运营要像过去他们随性的旅游社团迎接一次未知的冒险那样。她说：“我们努力融入科技圈子，确保能提前接触到卡兰尼克的联系人。”她的方法很特别。优步要和司机及政府官员搞好关系。由于公司最先推广的领域在科技界，难免会在该领域引起轰动，吸引最前沿的科技用户，就像当初在旧金山那样。“比如说，我们和亚马逊、微软的人交流过。我见了 Yelp 的产品经理，还见了他做摄影师的朋友。我当时心里一团乱麻，感觉要陷在西雅图了。当时筹建过程中，整个科技领域确实很照顾我。”

盖德特反其道而行之，从最后一环入手——向大众提供打车服务。首先，必须要考虑监管问题，于是盖德特就从拜访当地市政府开始，了解相关条例。“我仔细研读了每条规章制度，并且对比分析了我们可能存在的问题。”大多数公司都会在运营前安排一次会议，向监管部门表明其意图。而优步的每一次试运营都像在打游击战，根本不会提前告知监管人员。下一步考虑的是运营的基本模块。盖德特说：“我需要大量合伙人。不仅要在软件上交易，还要定好价位。”她还为司机和当地有影响力的人策划派对，联系好媒体，最后，确定试运营开始日期。

盖德特逐渐意识到这些步骤是可以复制的。她说：“在新城市试运营时，我把做过的每件事都记录下来，这后来成了记录公司发展的第一个范本，尽管有点儿粗糙。我每去一座城市，都会做进一步改进，让整个进程更高效、更简便。”优步在西雅图成功运营后，盖德特又带着笔记奔赴下一座城市。“后来，我去波士顿的时候，就只剩些巩固的工作了。”接下来的5年，盖德特带领规模日渐壮大的团队，监管全球市场推广方面的工作，参照的就是她在2011年夏天为公司制定的发展范本：评估监管规定，招募司机，估定价位，吸引当地媒体及名人的注意等。

一开始，优步在当地公共关系问题上处理得十分融洽。公司会发布博文（一般由卡兰尼克亲自撰写），表达对其试运营城市深深的爱意。卡兰尼克会不吝美言，称赞当地的突出成就，比如球队战绩突出，是城市的主导产业发展令人瞩目。2011年8月，卡兰尼克公开表示：“西雅图遍地是极客。在这里，微软已成立35年，亚马逊成立了15年，波音公司也成立了几十年。这一切把西雅图塑造成了极客们的天堂，他们精通科技，善用软件，还喜欢捣鼓小玩意。活在未来是这里的生活方式。按下按钮，不出几分钟就有一辆闪亮的轿车出现在面前——就完全符合这种生活方式。”卡兰尼克觉得自己和同事应该是业余人类学家，要走出去，了解不同地区的文化。“赞美公司所在的城市”似乎成了优步的核心价值观之一。

把地域特色融入构思精巧的发展范本，这一做法源自英特尔著名的精确复制法——一种制造半导体零件的方法。英特尔这一招其实是照搬麦当劳的，世界各地麦当劳里巨无霸汉堡的味道都是一样的。优步内部严格遵照新城市试运营的程序，并在实际运营中汲取经验。各分公司发展步骤一致，措辞相同，衡量标准统一，比如，举办旅游活动时，员工的数量占比要保持相同。对外的消费环节，越贴近当地特色越好，包括允许新来的经理调整企业宣传用语，并让他们自己判定究竟什么样的宣传活动才能吸引到司机和乘客。

当地媒体通常会对这项新服务及其神奇的应用软件阿谀奉承一番。在当地报纸上用第一人称描述这种经历，在各个网站上不断地细化这种美妙的体验：无须打电话就可以叫来车，下车时不用费心翻钱包找现金，也不用刷信用卡。优步甚至让乘客相信连小费都包括在结算费内，对此很多乘客十分满意，因为可以减少打车时不必要的摩擦。优步还有很聪明的一点，它会选择当地小有名气的人为其入驻做宣传。早期城市经历的爆炸式发展在互联网创业领域成了很难重现的神话。为了重现当年的繁荣，优步把家乡的一位名人作为公司的“零号司机”。盖德特说，这个称呼参考了“零号病人”[①]，只不过沿用了其正面寓意，因为他是第一个接纳软件的人，对软件后来风靡整座城市发挥了不可磨灭的作用。早期请到的与众不同的零号司机包括当地的科技企业总裁、足球明星，以及其他影响力较大的人物。2012年初，在洛杉矶，

① 零号病人，指的是第一个得传染病，并开始散播病毒的患者。——译者注

卡兰尼克的父母也加入到零号司机的行列。此外，热心肠的演员爱德华·诺顿加入到一号司机行列，他之前投资过优步，是公司宣传的得力帮手。

尽管优步有诸多奇思妙想，但是随着时间的推移，它的工作环境慢慢变成了科技产业当中最艰苦的。公司吸引了特定的一群人，他们自称重视个人磨砺，看重的是创业生活的艰辛严酷，而非平衡的工作与生活关系带来的满足感。公司甚至还想出一招，让员工边度假边工作：沿用卡兰尼克当初的策略，把Red Swoosh公司迁至泰国的一处海滩，让员工穿着人字拖工作。在优步，这样的度假逐渐为人们所知，称作“工作游”。奥斯汀·盖德特回忆起其中一次工作游。2013年初，优步计划在澳大利亚墨尔本试运营。她说：“为了能在2012年元旦前夕提供服务，我们从旧金山派出一大队人马。”这也是她第一次感觉到优步终于要发展壮大了。“公司里几乎每个人都在忙着打电话。那天对我们而言真的是意义重大，员工之间都在视频聊天，大家都熬了一整个通宵。当时我激动得鸡皮疙瘩都起来了，感觉自己在参与一项超级炫酷的工程。每个人都竭尽全力在工作。”

随着业务规模日益壮大，公司需要额外的资金才能继续扩张。到2011年初，吸引投资已然是小菜一碟。用户对于优步及其易上手操作的软件好评不断。作为提供豪华轿车服务的公司，优步还标榜自己为“每个人的私人司机”。优步还有一点独特的优势：其核心客户群体和潜在投资方之间关系不浅。（当时优步旗下的轿车款式并不是唯一的，但都是注册过的豪华轿车。其中大部分是林肯城市汽车或者类似的车型，是为了迎合业务总裁及其他高端人士的需求。）风投家比尔·居莱来自位于门洛帕克的Benchmark资本公司，他说自己的合作伙伴在2010年优步种子筹资期间拒绝投资，因为赖安·格雷夫斯作为首席执行官经验不足，并不可靠。Benchmark的合伙人马特·科勒合作时间较短，也较为年轻，他生活在旧金山。后来，用居莱的话说，这个人简直成了优步的常客。居莱说：“马特说，‘这简直是我手机上最有用的软件’，还一遍又一遍地重复，‘如果说手机里就只能留一个软件，我一定留优步’。”

在筹资方面，卡兰尼克可以说准备得比大多数企业家都充分。毕竟，在当初情况远不如现在有利的形势下，他都想出办法为Scour和Red Swoosh筹到了资金。他说：“我当年必须善于筹资，因为公司还不够吸引人。形势越是不利，就越要做到尽善尽美。”

此外，卡兰尼克还在自己不算长的天使投资人生涯中对筹资有了更深入的了解，只不过这次，他坐在了谈判桌的另一侧。

事实上，卡兰尼克一直都自诩为深谙风投交易艺术的专家。

2009年，刚从全职工作当中抽出身的卡兰尼克，给企业家同僚写了一篇博文，文中列举了15条他筹资的“独门秘籍”。他的建议中很多都是创业领域的常识，诸如如何在交易中激发对方的兴趣、引荐的重要性。且不说是否平淡无奇，卡兰尼克确实找到了窍门，并且还打算在为优步筹资时沿用这种技巧。他写道，“每次和潜在的投资人交流时，都要给对方施加压力，突显交易的紧迫性”，卡兰尼克还附上了能派上用场的台词，比如事态发展很快或者还有很多家对此感兴趣呢。

和许多经验丰富的企业家一样，卡兰尼克知道风投不可避免地会打自己的小算盘，可能的话都会利用创业公司给自己谋利。他总能在几句冷嘲热讽中就把偏向于风投的局势转而利于公司。他说：“我知道怎么为公司营造稀缺感，也知道如何化繁为简，因为我过去在风投身上耗费的精力实在是不少。我参加过成百上千场风投会议，筹集的资金总计达百万美元。”卡兰尼克很享受当下的新形势：不用他张口，投资方就自愿给公司投资。此外，他会要求投资方自己开价，而不是由他出价。优步早期的咨询师兼投资人克里斯·萨卡这样描述：“卡兰尼克很擅长创造需求。他会这样说，‘这个日期之前别联系我，到了这一天，我会向你询价，到时候希望你能按时出价，然后我们再见面’。”

Benchmark当时已经准备给卡兰尼克报价。此前，它成功投资了像易贝和OpenTable这样的互联网“市场”，现将优步看作二者潜在的“继承者”。Benchmark资本的居莱这样说：“公司内部曾探讨过，其他产业如果能与互联网结合，就很可能从中受益。讨论期间，有一个行业映入我们的眼帘，那就是交通运输。”最后得出的结论是，由于规则晦涩，价格固定，所有权高度集中，投资出租车行业也许不是什么好主意。“我们几乎是刚总结出这一结论，就遇到了这个企业家，他靠黑色豪车而非普通出租车发展业务，于是我们便有了兴趣。”当然，优步很快就证明，这一让居莱不安的“秘传的规律”并不合理。但是，公司一开始把豪车而非出租车作为发展市场，这一点深深吸引了Benchmark。

卡兰尼克和多家公司会了面，包括在同一天见了红杉资本和Benchmark。Benchmark答应出资，还把马特·科勒加入董事会行列当中，这位合伙人一直热情满满地支持优步业务。卡兰尼克确实很想得到Benchmark的资金，但是不想让这位优步的拥护者加入。他回忆道：“马特·科勒做风投不久，别人把你当作小白鼠，利用你做风投实验，这我可不太乐意。”卡兰尼克更喜欢居莱这样的伙伴，他之前在华尔街做分析师，比卡兰尼克大10岁，而且从事风投行业的时间比科勒久得多。“就仿佛你对坏家伙了如指掌一般。至少我知道这个人办事的套路如何。”2011年2月，

Benchmark 在优步的 A 轮融资中投了 1000 万美元，所谓 A 轮，指的就是公司首轮成熟的资金流入。Benchmark 成了优步最大的投资方，居莱也加入了优步的董事会。不算 Benchmark 计划投入的资金，优步当时估值 6000 万美元。

2011 年底，卡兰尼克重返投资市场，希望筹得更多资金。尽管优步的业务只覆盖了部分城市，但是其发展蓝图很明晰。通常，羽翼未丰的技术公司面对投资者时，往往会编造出虚无缥缈的发展规划，再不就是信口开河，创造出高速增长的假象。优步则大不相同，它会参照初始市场的增长率，并结合目标扩张城市的数量，为发展前景做出合理推断。舍温·皮谢瓦说："公司客户数量达 9 万人次，净营业额达 180 万美元。"这个人最近刚加入门罗风投公司，迫切地想投资优步。"优步规模确实不大，但是增速惊人。我原本估计，用不了一年，公司毛利润就能增至 1 亿美元。结果优步不到半年就做到了。"

有几个投资人希望自己能从这块诱人的蛋糕中分得一份，皮谢瓦正是其中一员。其中很有名的一位风投家就是安德里森·霍洛维茨，还有马克·安德里森，他运营着一家已成立两年的公司，还是网景通信公司（Netscape）的联合创始人。安德里森·霍洛维茨可是一位媒体达人，常活跃在各大媒体做自我宣传。他早年也有一次成功交易很不同寻常。作为投资集团的一员，他出资从易贝收购了互联网电话服务软件 Skype，该投资属于私募股权交易，而非风险投资；紧接着他就把这个公司转手给了微软，为投资集团赚得 50 亿美元。赫赫有名的安德里森深深吸引着卡兰尼克。背后有投资人撑腰，创业公司运营的合法性就有了保障。对于沉寂多年的企业家卡兰尼克而言，这简直太有诱惑力了。

于是，在优步和安德里森·霍洛维茨达成口头协议后，卡兰尼克告诉一大批投资者，投资已经没他们什么事儿了，这其中就包括皮谢瓦。皮谢瓦失望至极，他做事很有恒心，常把工作当玩乐。他跟卡兰尼克说，如果将来优步与安德里森·霍洛维茨合作不太理想，他本人仍愿意出资。结果双方合作确实不理想。安德里森·霍洛维茨原本答应按接近 3.75 亿美元的估值投资优步，后来又犹豫了。他邀请卡兰尼克共进晚餐，表示希望把估值降至原来的一半。卡兰尼克说："他们觉得原来的数额实在太大了。我当时是这样说的，'如果我能让收益翻倍，你们还愿意出原来的价吗？'他回答，'那当然可以了。'于是我说，'马克，我之前三个月就办到了。'可他们还是觉得数额太高了。"

皮谢瓦虽然刚接触风投领域，但在互联网行业却已然是老手了。在霍梅尼上台的那次革命期间，皮谢瓦一家离开了伊朗。他三十五六岁的时候，就已经出售过数家科技公司了。2011 年 10

月，皮谢瓦在突尼斯参加一场企业大会，当时卡兰尼克打来电话问他是否还愿意投资优步。卡兰尼克还让皮谢瓦立刻赶到都柏林，因为他正在那儿参加一场互联网大会。皮谢瓦回忆道："我们当时走在都柏林的街上，脚下的路铺着古老的鹅卵石，优步的车在这种石子路上很不好开。就是在这样的情况下，他开始向我描绘优步发展的全部蓝图，即基本取代汽车所有权。不过当时知道他这一野心的人并不多。"门罗风投公司在对优步做出 2.9 亿美元的估值后，投资 2650 万美元，皮谢瓦还接受了董事会观察员的身份，尽管这对他而言有点屈就了。因为正常情况下，在当时，如此高额的投资足以让他坐上董事的位置。

后来，皮谢瓦还引来别家公司投资优步。（不到两年，他就离开门罗，创办自己的风投公司去了。）几年前，在运营一家电子游戏相关的公司时，皮谢瓦趁机在好莱坞发展了个人关系网，其中包括演员和权力掮客。[①] 同优步合作之后，他又去找这批名人投资。他请到的这些赫赫有名的大人物有：演员爱德华·诺顿，索菲亚·布什，奥利维亚·穆恩，还有艾什顿·库彻。皮谢瓦引荐的类似人物还包括经纪人阿里·伊曼纽尔、导演劳伦斯·班德和音乐制作人杰·斯。他还把卡兰尼克介绍给亚马逊的

① 权力掮客，指拥有相当一批追随者、可在政界等施加影响的人。——译者注

CEO 杰夫·贝佐斯，后者的私人投资机构 Bezos Expeditions 也参与了投资。另一个关键的投资方就是高盛投资集团，该集团后来一直作为优步的非官方财务顾问，优步员工里许多非工程师出身的人才也来自该集团。

优步不断发展壮大，越来越受欢迎，其所到之处开始引发争议。举个例子，华盛顿特区就是优步在美国试运营的第六座城市，同样也是在这里，公司遇到了来自政府巨大的阻力。优步于 2011 年 11 月在华盛顿特区开展服务，雇了 28 岁的前管理顾问蕾切尔·霍尔特，让她担任公司在新城市的总经理。霍尔特一月份去旧金山参加了“优步训练营”，这个为新职员设计的培训项目后来有了个名字，叫优步大学。还没等她回到华盛顿特区，当地的出租车服务专员就已经在推特上发布一条消息，称优步提供的是非法出租车服务。霍尔特虽然有点吃惊，但也早有准备。正如卡兰尼克在 2010 年末总结的那样，出租车的法律在优步这里并不适用，因为优步旗下既没有出租车，也不会委派出租车。因此霍尔特对公司的合法性深信不疑。她说：“推特上也没列举具体规定，就只指出服务不合法。”

接着在马丁·路德·金日周末前的那个周五，当时是 13 号，正是发推特的那位出租车服务专员在优步上叫了辆车。公司规模不大，因此员工对司机情况了如指掌，也可以轻松监控所有接车订单。霍尔特说："我们给他派车了，毕竟公司也没做错什么。"结果这个人的目的地是五月花大酒店，还在那儿召开了一场新闻发布会。事情到这儿还没完，他扣留了司机的车，还开了张2000美元的罚单。霍尔特立刻联系到优步所有司机，向他们保证公司会替他们缴罚款，并把车要回来。优步还发起了社交媒体活动，为叫车服务寻求客户支持。这也是优步第一次遭到来自监管部门的大力阻挠，当然也不是最后一次。事实上，优步渐渐发现，每新到一座城市，总免不了面对当地监管人员和出租车公司的不满。卡兰尼克仔细考虑了优步的情况——公司规模不大，又缺乏管理经验——意识到自己急需帮助。最后布兰德利·图斯克伸出了援手，这个人三十五六岁，是纽约的一位政治顾问，曾经有过相关领域的工作经验。图斯克作为年轻的法学院毕业生，之前一直在纽约市长迈克尔·布隆伯格的政府部门工作，担任参议员查尔斯·舒默的通信主管。后来，尽管看起来不大可能，他成了伊利诺伊州的副州长，在州长罗德·布拉戈耶维奇手下工作，后者不久后因贪腐而颜面尽失。图斯克后来就去了投资银行雷曼兄弟工作，在那里，他为私有化国家彩票设计了一种金融产品，只是从未投入使用。（雷曼兄弟在该产品投入市场测试前就破产了。）布隆伯格连任竞选活动结束后，图斯克创办了自己的政治咨询公司，给许多大公司提供咨询服务，比如百事可乐、美国电话电报公司等。2011 年 5 月，在为沃尔玛提供咨询时，他接到了卡兰尼克的电话。

图斯克为公司设计了一种运营模式，正是这种模式后来成了优步在各个城市发展的范本。图斯克说："我们每到一座城市试运营，当地的出租车公司就会冲我们发威，让优步停止运营，先是依靠当地的出租车委员会，接着又仰仗州政府及州议会。我们的策略是发起活动阻止他们这些行为，主要就是通过游说，利用公共关系和草根阶层。"接下来的 3 年里，图斯克的团队帮助优步在美国的各大城市迎战对手，其中就包括几座较为出名的城市：纽约、波士顿、费城、华盛顿特区、迈阿密、丹佛、芝加哥、洛杉矶，还有拉斯韦加斯。这份工作很快就让图斯克在管理圈内名气大增，他后来也充分利用自己的名气，加入一家商务咨询创业公司，以谋求该公司的部分股权。他此举是想在新公司复制自己无与伦比的幸运。2011 年，卡兰尼克第一次给图斯克打电话时，优步还付不起咨询费，所以卡兰尼克就把公司股份用作交易费用。当时那一小部分股份，在 5 年之后，已经升值到 1 亿多美元了。

创立优步无异于发起了一场多边战争。比如说，2012 年五六月份，优步在丹佛刚试运营没几个月，当地的科罗拉多公用事业委员会就发布了法令，限制优步的运营。优步则利用社交媒体主导的公共关系，依靠享受叫车服务的乘客以及迫切想通过优步赚钱的司机大举反击。在一篇写给优步支持者的博文中，公司警告称，对手拟议的规则更改，将导致优步的定价机制陷入非法境地（改规则相当于禁止酒店在晚上收费），禁止优步司机进入丹佛市区，还会导致公司同豪华轿车公司的合作也变成违法行为。优步力劝支持公司的人立即联系州长约翰·希肯卢珀。2014年，希肯卢珀签署了一项法案，对优步及其竞争者只采取程度较轻的管制，成效显著，直接保障了公司服务的合法化。

这样的战火几乎蔓延到优步运营的各个城市，同样的事也发生在 Lyft 身上——Lyft 总是紧随优步扩张。举个例子，2014 年早期，新闻网站 BuzzFeed 统计，在美国各大州、县和市，政策监管方面的纠纷总计 17 起。其中就有一起发生在纽约市，这场纷争旷日持久，争论主要源于市政府要求优步把行程信息与官方共享。还有一次是在奥兰多，当地颁布条例，强制优步及提供类似服务的公司比普通出租车多缴纳 25% 的税。大多数情况下，只要进行大规模游说活动，公关团队一举出击，就可以药到病除，让公司正常运营下去。可是也有例外情况。2016 年 5 月，优步和 Lyft 在拒绝遵守得克萨斯州奥斯汀市的指纹识别规则后，撤出了公司在当地的服务。而那些愿意遵守奥斯汀规则的供车公司，很快就入驻了当地市场。

优步的乘客一直都坚定不移表示支持，这点在优步在新城市试运营时尤其明显。毕竟，乘客能享受廉价叫车服务（往往都是优步从中贴钱），不必忍受质量参差不齐的出租车服务，此般便利着实让人难以置信。可是随着乘客逐渐习惯了优步的服务，他们也不可避免地开始抱怨，而且和当初抱怨出租车时别无二致。首当其冲的便是优步的计价政策。乘客抱怨车数量太少，尤其在叫车高峰时段（诸如上下班高峰期、酒吧关门时期）。优步对此的解决方案则来自经济学教科书：服务供不应求时，就“飙价”。这种动态定价形式在航空公司和旅馆中颇为常见，将带来两方面影响。首先，动态定价会鼓励更多司机加入，因为可以赚到更多的钱。用经济学术语来说，这种暂时的诱因将刺激供应。其次，提高价格也可能会导致某些乘客转而选择其他交通方式，这样一来需求量下降，对于那些愿意多付钱的乘客，叫车后等待时间缩短。

这种提价策略理应富有成效。可实际上，该策略激怒了乘客，并且在日后成了优步公共关系方面挥之不去的一块心病。乘客的愤怒第一次爆发是在 2011 年元旦前夕，当时一些地区的车价飙到原来的 8 倍。之后几年还经历过几次价格飙升，比如东海岸受到飓风桑迪袭击那次、暴风雪期间，还有澳大利亚悉尼发生人质危机期间。卡兰尼克对待乘客不管不顾的态度让事态每况愈下。“常开车的人都会面对价格变动的情况，这叫汽油价格波动。”他这样给《纽约时报》解释道，当时新年价格飙升事件刚过去不久，许多乘客在当晚只搭乘了很短的行程，却花了100多美元的车费。比尔·居莱是风投行业知名的公共知识分子，他经常在博客上发表文章。几年后，这个人发了篇博文，洋洋洒洒2500字，论述了提价策略的必要性。他这样写道，“如果说真有什么能代替动态价格的计价方式，恐怕就是成群的乘客盯着屏幕，上面却显示‘暂无空车’。这其实就是批评优步的那些人最不愿接受的结果”。他还提醒读者，近期有一起事件，比当初优步提价激起众怒还要严重。UPS快递在圣诞期间由于派送网严重供不应求，导致派送服务相当不理想。居莱总结道：“优步无意放弃动态价格，这恰恰是为了乘客的利益，尤其是当我们看懂了背后的真相之后。”

提价策略尽管一直备受争议，但多年以来也成了学术界愿意研究它的原因。2015年，美国联邦贸易委员会委派的一批学者针对优步的定价机制发表了长篇大论进行分析，最后得出结论，公司的“黑箱”算法引发了有关公平和透明度的重大问题。

针对这样一个虽然靠不住却与乘客息息相关的话题，人们的激烈争论也有助于将公众引向一个新的全球商业角色：卡兰尼克，即某些人嘴里的浑蛋。忽然之间，卡兰尼克这个常出现在各大杂志封面并且在会议上备受欢迎的人物，在公众心中的形象开始转变，人们认为他是个爱惹事且手段残酷的商人，而且还无视乘客情绪。人们心中越来越认为卡兰尼克这个人视经济理论高于感性的同情。

即便如此，优步还是在飞速发展。当然，公众对优步的批评也侧面反映出他们对产品的关注，因为只有够关注才会在意，愿意去批评抱怨。此外，如果说他开始受到公众关注的话，那么在志同道合的企业同僚中，他也开始积累人气了。比尔·居莱提到了同杰夫·贝佐斯（优步的投资者之一）共进晚餐的一次经历。当晚，贝索斯对卡兰尼克的商业才能大加赞赏。正是卡兰尼克周围的争议声为他博得了贝佐斯的赞美声。贝佐斯对居莱说："优步采用提价策略是一步好棋。这一策略毫无疑问是用对了。一大批新闻媒体界人士还想劝卡兰尼克别这么做，可卡兰尼克置之不理。"

整个 2012 年，优步席卷了全美，甚至还有一些国外的城市。当年年末，公司已经在 27 座城市开辟了市场。优步还开始试验新的经营模式，这也许能让整个公司改头换面。其中意义最为重大的就是开发了 UberX，该项目在 7 月投入使用，用混合动力汽车提供叫车服务。这也算是对 Lyft 公司的小幅度反击，该公司于 2012 年 5 月成立，任何有车一族，只要摆上粉色的小胡子标志，就可以和别人一起拼车。彼时，优步已经把公司定位于"迎合高消费群体”的服务，旗下独立的承包人都是经过注册的职业豪车司机。现在，尽管公司一开始特意避免采用Lyft的服务，但现在已做好准备走下神坛，面向低端消费者市场。卡兰尼克跟科技网站AllThingsD这样讲：“描述这种服务最贴切的话就是，整个乘车体验只能满足基本搭车要求，丧失了高雅的情调。”“UberX的司机可不会为你开车门。”

卡兰尼克还公开把优步描述成“平台”，它能够搭载的不仅限于乘客。卡兰尼克在AllThingsD网站上说：“优步汇集了人们的生活方式和物流方式。为了阐明其可行性，优步又搞了一系列营销噱头，比如，在奥斯汀举办会议期间派送烧烤，在炎炎夏日派送冰激凌，抑或在情人节派送玫瑰。这些噱头无非是哄人的幌子，想要证明优步能胜任多种业务模式。在可预见的将来，公司几乎所有的收入仍将来自搭载乘客——司机接到乘客，并把他们送到目的地。采用技术驱动平台的运作方式逐渐显露出巨大的发展前景。实践证明，送餐和接送乘客十分相似。此类营销噱头甚至还带动了一系列副业发展，比如送餐服务优步订餐（UberEats）。虽然进程缓慢，但是优步正向世界传达一个确定的信息，即软件将深入各个产业领域，而不单单是交通领域。尽管规模扩张仍停留在理论阶段，但是优步已经渐入佳境，有办法让这一计划照进现实。

Wild

07

艰难时刻

所有人，包括出租车公司、监管部门、政治家、竞争对手、记者、公司旗下的司机，甚至女性，都完全有理由对优步的所作所为感到愤愤不平。

Ride

2012年春天，旧金山的街道上开始出现一种奇怪的景象。由于优步的出现，大量锃光瓦亮的豪华轿车停在一些人家门口，原本这些住家是没什么商务活动会用到如此豪华的轿车的。（我个人的亲身体验：优步刚推出不久，三名刚毕业的大学生搬进了我家楼上的公寓，他们整日喧闹，任性无礼，成天参加各种派对。起初，这三个年轻人真的很让我头疼：他们半夜11点钟出去游荡，应该是盛装参加大学生联谊派对，跳进等着他们的林肯城市汽车。显然，他们了解优步比我还早。）这种全新又令人新奇的乘车体验很快倒向另一个极端。一批特殊的轿车突然出现在城里，车子并不豪华，司机也都是普通居民，轿车前还粘着一个巨大的粉色八字胡。

这粉色装饰来自Lyft公司——首家新兴的拼车公司。（类似的公司还包括美国的Sidecar和英国的Hailo。）“拼车”是科技公司之间刚流行起来的术语。当时，只有专职司机才能驾驶出租车，只有豪华轿车才能在优步平台上运行。而Lyft却不同。事实上，和更出名的优步相比，Lyft的自我定位恰恰相反。如果说优步旨在成为“每个人的私人司机”，收费比普通出租车略高，那么Lyft就更像一个友好的邻居，邀请你坐到副驾，你一坐下来就和你击掌，并且只会收取拼车费用和接送你的费用。Lyft的价格可能比出租车还要低。

Lyft司机同优步司机一样，都是为了赚钱，“拼车”二字显然是用词不当。但是，Lyft打着友善的旗号做推广，而不强调冷冰冰的交易，以此论证自己运营并非出于商业目的，只不过缺少说服力。Lyft进一步论证，如果公司运营不是出于商业目的，那么自然就算不上非法出租车，也不属于任何监管机构的管辖范围。实际上，优步只与有驾照的豪车司机合作，Lyft的司机则是自由职业者。然而，Lyft有一点与优步十分相似：Lyft的手机端应用程序沿用了“按下按钮—便捷搭车”的方式，而优步当初正是凭借该方式闯入众人视线的。

这两家公司对比鲜明，尤其是在双方的源起方面。优步诞生于两个大背景之下，一是旧金山“善于社交、喜欢玩乐的程序员”文化，二是加勒特·坎普对多变风格的偏爱。Lyft则源于洛根·格林的理想主义精神，在加州圣巴巴拉市上大学期间，他曾在当地公共交通委员会服务。格林的探索热情后来促进了出行方式的变革。毕业之后，格林去津巴布韦旅行，途中他注意到当地拼车系统对出行效率的影响。他回到美国之后创办了拼车软件公司 Zimride，灵感正是来自那次非洲之行。

2007 年，格林和约翰·兹默尔通过一位共同好友搭上了线。约翰是雷曼兄弟公司的一名年轻银行家，曾在康奈尔大学学习酒店业务。兹默尔和格林开始合作。在雷曼兄弟公司破产三个月之前，兹默尔辞了职，全身心地投入到 Zimride 的工作中去。（雷曼的破产完全在他意料之外，而且，之前有位同事还跟他说，离开雷曼这样稳妥靠谱的公司，转而投身荒唐的拼车创业公司，这么做简直疯狂至极。）兹默尔在康奈尔大学上过有关绿色城市的课程，从那以后就深深着迷于把城市建设得更为高效的想法。格林利用软件来安排拼车，从而缓解交通拥堵。他的这一理念深深吸引了兹默尔，于是两人决定通力合作，并一同搬往旧金山。兹默尔后来成了公司总裁，他说："我们把拼车系统推向大学和公司市场，这笔生意有利可图，而且在一定程度上会取代大学校园原有的布告牌。"另外他们还有一个针对长途旅行游客的设计，比如从旧金山到洛杉矶的长途路线。

Zimride 已经小有成就，但其创始人在了解旧金山的创业前景之后，预见到了更有潜力的契机。用硅谷的行话来说，他们决定“重新定位”。这群人利用自己过去调度大批乘客的经验，与优步的商业模式结合起来。因为在他们看来，适合优步的消费群体仅有1%。兹默尔说，“当时，优步只做黑色汽车和豪华轿车。我们一直都觉得这没什么意思。我们转而思考，如果用私人汽车来完成这项业务会怎么样？”

2012年春，Zimride花了三个星期时间编写手机端应用程序。完成之后，公司便在旧金山推出了新服务——Lyft。Lyft很快就风靡起来，在部分年轻人之间尤为火爆，他们不愿乘坐豪华轿车，是因为那样就要尴尬地意识到，自己并非精英阶层。兹默尔说：“Lyft的业务实在是太火爆了，甚至需要列出候车名单。”优步不用教它的用户如何乘车，但Lyft独特的运营方式却需要进行特定的用户培训。兹默尔说：“有一件事我们必须解决。虽然乘客在搭乘豪华轿车时不必如此，但用Lyft却需要稍微改变一下乘车方式。”“要是我那时候跟你说，让乘客搭陌生人的车，你一定会说我疯了，毕竟这种事是父母永远都不会允许你做的。而现在我要说，坐在陌生人开的本田雅阁的后座也不太合适。”所以Lyft鼓励乘客坐在前座，仿佛和朋友出行一般。兹默尔说：“坐在后座是搭乘黑色豪车才该有的习惯。”那粉色的胡子有什么寓意呢？他说，公司只是想通过这个标识让乘客保持微笑。（胡子也是一个机智的营销手段：路人往往会好奇，为什么旧金山街头有些汽车前面会挂着蓬松的粉红色小胡子。）

优步知道了Lyft的消息，但它起初断定，拼车并不在自己的业务领域之内，而且这样做甚至还可能违反正规出租车的规则。优步的运营总监赖安·格雷夫斯说："我们一直在紧盯Lyft的动向，而且我们清楚这是违反规则的。"一开始，Lyft以为优步会把这一小撮业务让给他们。兹默尔评价道："优步推崇奢华的生活方式，而且一直在思考能给人们提供什么即刻的服务。"他这话指的是优步试验运送冰激凌和小猫之类的东西。"我们感觉这样看问题未免太居高临下了，就好比'我就要让东西自己来到我的面前，并且还必须是好东西'。"至于让优步把业务也转移到普通私家车上，兹默尔这样评价道："他们骨子里就不是做这个的。"但是，既然有巨大的商机摆在优步面前，它自然不可能视而不见。

事实上，优步成立之初就曾涉足这片新的市场。2012年中期，优步尝试采用节油型混合动力汽车，以提供廉价的搭车服务，这项新服务就叫菁英优步（UberX）。然而，随着Lyft的成长壮大，甚至在优步的主场越发受到欢迎，后者明显坐不住了。卡兰尼克就曾公开表示过自己的不满。在2013年3月的一个早晨，他在推特上发布了一条消息，表示优步曾经跟"几十名”Lyft 司机谈过话，他们都没见过 Lyft 给自己的保险单。大约 20 分钟后，兹默尔回应说：“特拉维斯，你是不是在探听什么风声？而且恐怕还需要保险吧。”两个小时后，两人还在推特上争论不休。卡兰尼克指责兹默尔回避他的问题，兹默尔则质问优步为什么不调查司机的犯罪背景，卡兰尼克建议兹默尔不妨来优步总部聊聊天。兹默尔厌倦了无休止的争论，他表示，既然卡兰尼克想要个定论，“那我就给你一个定论，好让你别再打扰我，让我继续工作”。兹默尔在推特上用了“尊重”一词，意思是卡兰尼克应该对他放尊重一点。卡兰尼克完全压不住火，回敬道，“要想赶上我们，你还差得远…… 山寨”。言辞中充斥着挑衅的意味。久而久之，优步频繁使用“山寨”一词诋毁 Lyft，甚至在给投资方做展示时也不放过这个点。显然，这家规模和资金都比不上优步的公司竟能在市场上抢先一步，在优步之前站稳脚跟并实现了惊人发展，这整个过程让优步感受到了刺痛。

优步决定纠正错误，并且誓不再犯。2013 年 4 月，卡兰尼克写了一份白皮书，宣布优步也加入业余司机领军的汽车市场。他总结道，旧金山市政府没有管制 Lyft，这就等于是默许其运营。此外，拱手让别的公司检验了市场，这对优步来而言教训惨痛。格雷夫斯说：“我们意识到，在优步运营的地盘，决不能让竞争对手抢占任何先机。我们还学到，必须要快速占据市场先机。”2013年中期，优步以自己为轴心，重新定位了菁英优步，并开始为新服务招聘司机。公司全然不屑于模仿Lyft引擎盖上愚蠢的装饰品和“伪善”的风格；相反，优步致力于提供又便宜又快捷的接送服务。

两家的战火愈演愈烈。它们开始在全美各地严密防范对方。Lyft在美国6座城市提供拼车服务一年后，把Zimride出售给汽车租赁公司Enterprise Holdings，该集团继续运营Zimride，对象仍是大学和公司。（此次收购之前，Lyft还只是Zimride的一个拼车产品，后来直接被用作了公司名称。）优步也给自己的产品重新定位。起初，优步只是把菁英优步作为豪华轿车的廉价替代品推向市场，后来竟然凭借它完胜传统出租车行业。之前的优步变为了UberBlack，它适时地转变为优步众多业务的一小部分。尽管Lyft销售方式新颖，但是由于优步依靠豪华轿车发家，发展菁英优步时手头的客户资源便更丰富。到2013年底，菁英优步已遍布全球77个市场。

规模大如优步，还是不得不警惕Lyft的威胁，这个竞争对手确实是既讨人厌又异常活跃。优步使出浑身解数，只为阻挡Lyft的发展势头，挑衅意味浓厚。2014年，科技新闻网站The Verge曝光了优步的低劣手段——在纽约雇用临时工，让他们用“一次性”手机叫Lyft，为的是挖Lyft的司机。这则新闻着实令人震惊。（而采用“一次性”手机是为了防止 Lyft 公司追根溯源找到挖墙脚的人）在往来邮件中，优步鼓励聘来的员工去“刮胡子”。优步承认自己采取了 SLOG 行动，坦承其招聘活动纯粹是出于竞争的考虑。但是，经历了 Lyft 在自己眼皮底下公然开辟出新市场后，优步一直保持警惕，决不允许这种情况再次发生。两家公司都与司机保持频繁的沟通，旨在改善产品质量并收集竞争情报。得知 Lyft 即将推出拼车服务 Lyft Line，优步就抢先在前一天晚上发布了自己的拼车产品 UberPool。

Lyft 会证明自己是个顽强的“老二”。该公司第一轮筹资数千万美元，紧接着又筹集到了上亿美元。而早期 Lyft 投资人中名气最大的莫过于安德里森 · 霍洛维茨，2011 年，这个人所在的公司还怠慢过优步。Lyft 会继续受到优步的阻挠，而且不光在争夺乘客资源这一件事上。兹默尔说：“像优步这种信心满满的公司，一开始就认为自己在竞争中稳操胜券，却一直以来都对我们心存恐惧。”他说，就在 Lyft 与投资者讨论股权问题的同时，优步也“试图和所有同我们交流过的人谈话。也不知他们怎么搭上的线，我们刚谈完他们就接着粘上来，要么就给投资方提供折扣。反正只要对方不给我们投资，怎么都行”。随着时间的推移，这两家公司越发相似，许多司机在两个软件上都注册了账户，哪家公司短期内福利更好就为哪家工作。不过优步的规模总是让 Lyft 望尘莫及，但后者单凭自身的存在，就足以迫使优步的支出高于预期，削减甚至抵消了原本的利润。尤其是，那个用来鼓舞人心的粉色小胡子，绝不会让优步的员工露出笑脸。

优步已经进入了发展的“青少年时期”，但距离其预期的商业巨头目标还差得远。要想到达那个水平，就需要把优步打造成现代化的公司，而且整个过程得循序渐进。从公司内部来看，员工这样阐释优步的特性：艰难前进，心有无所不能的工作态度，常怀“优步式繁忙”的心境。优步新开发的业务实在是太多，试验逐渐成了常态。优步发现自己正东拼西凑地想要解决各式问题，而其他公司却从未面临此等窘境。时代正召唤这样一种特殊的员工：他们可以长时间、主动地制定规则，而不是消极地接受规则，通常还得既年轻又单身。在优步员工看来，工作与个人生活合二为一挺不错的，没什么坏处。公司的早期员工常常在公司各个岗位之间流动——从用户支持，到品牌管理，再到产品开发。

当时的优步就深陷反复试验—错误—再试验的狂热之中。这些策略实施了一段时间，不料却以失败告终，而且在司机招聘和消费市场方面的问题尤为突出。例如，在任何新开辟的市场，公司都会花费大量精力和高额资金，只为招揽乘客。第一次载客奖励 20 美元，这个策略确实有效，但走不长远。一开始，优步的婚礼策划服务也很受欢迎，但大部分人试过之后，这些服务也变得没那么流行了。公司在招聘司机时也经历了同样的困境。先是在克雷格列表网（Craigslist）[①]上打广告，这确实起了点作用。接着，优步便专注于招募传统出租车司机为公司工作。等到传统出租车司机也招不到的时候，优步又把注意力转移到了学校老师身上，因为他们的时间安排比较灵活，而且也希望能赚点外快。

智能手机的兴起掀起了一波越发强大的产业浪潮，优步就在这片浪花上冒险冲浪，尝试创新。优步内部自称“手机优先”，起先这种说法广为流行，后来就逐渐演变成“手机至上”。手机技术的发展日新月异，手机上只要一有新的技术出现，优步就加以利用，大幅改善公司提供的服务。例如，早期的苹果手机记录司机行程的画面时断时续，并不连贯。版本更新过后，手机地图上黑色的小汽车沿着路线移动时明显更顺畅了。

随着业务的扩展，总部主要负责诸如软件开发之类的关键功能，至于日常的商业决策，则交由下属团队负责。一座城市通常只派三个人：一个是总经理，一个是管理当地“社区”的运营经理，“社区”是该公司对一群驾驶员的称呼，还有一个就是管理

① 克雷格列表网是由创始人克雷格·纽马克于1995年在美国加利福尼亚州的旧金山湾区创立的一个网上大型免费分类广告网站，分类信息网站中的领跑者。——译者注

“合作伙伴”的运营经理，“合作伙伴”指的就是司机。（由于优步还向司机收取费用，因此司机也算客户，司机常常反感这种模棱两可的称呼。乘客付费，优步抽成，剩下的钱留给司机。）

面试时，未来的高层管理人员会受到卡兰尼克的严苛提问，一般只有管理咨询公司才会这么严格。他要求每个地方总经理的应试人员都准备一份“城市介绍”，向他介绍如何为优步在当地开辟市场。2012 年秋天，为应聘巴黎地区总经理的职位，法国人皮埃尔–迪米特里·戈尔–科蒂就做了这样的一个展示。他曾在伦敦一家避险基金工作。很快，他就发现自己是在 Skype 上和卡兰尼克、格雷夫斯实时交流。戈尔–科蒂说，卡兰尼克面试候选人时，尽可能“在办公室模拟真实情景下的对话，特拉维斯花了 10~15 分钟的时间讨论我以前的经历，询问我之前的投资，并让我分析当前的媒体行业”，可这些和优步发展的关系似乎都不大。卡兰尼克告诉戈尔–科蒂，他们正在忙于争鸣平台，而那时，身为法国人的他完全搞不懂这个词的内涵，“我以前从来没听过这个词”。

卡兰尼克和格雷夫斯二人分别是首席执行官和运营经理，都属于优步早期管理团队的核心成员。加勒特·坎普从未以员工的身份加入公司，也没拿过薪水。相反，自 2009 年从易贝购回 StumbleUpon，他就一直担任该公司的首席执行官。然而，他同时也是优步的董事长，并且经常在优步出现。由于优步的估值激增，坎普已然成了亿万富翁，而且他也是为数不多的在首次公开募股之前就在私募市场上出售大量股票的股东之一。但是他创立优步之初，就没想运营一家复杂的公司。2012 年，坎普离开了 StumbleUpon，他并没有选择做优步的总经理，而是于次年成立了投资公司 Expa。几年后他回想道，“那时候我的确会跟人们讨论优步的众多事宜，并且有很多‘信息渠道’”——意思是优步的乘客向他透露信息——“而且优步的事几乎每天都盘旋在我脑海里，但我目前就真的只是顾问而已。优步是卡兰尼克的，不是我的”。卡兰尼克开始建立自己的管理团队，他经常从技术产业巨头中招揽人才。优步估值的不断上涨，也给卡兰尼克带来了资金——优步的股权——方便他在硅谷猎取人才。他格外青睐这样一类高管：可以帮助初创公司完成转型，使之成为龙头公司。例如，脸谱网就有一个成长团队，由一些人专门辅助完善产品，而其他团队则各自完成自己的目标，从而推动业务发展。2013 年中期，卡兰尼克聘用了脸谱网“成长团队”的埃德·贝克，来做优步成长团队的领头。贝克以前在哈佛大学创立过约会网站，他很擅长让一家初创公司走红，这其中所需的窍门既有艺术方面的，也有科技方面的，如此才能让互联网产品实现爆炸式发展。他说，促进企业发展的关键在于全神贯注，盯紧一个合适的目标。在脸谱网最初的发展阶段，其目标就是每月保持一定数量的活跃用户。因此在优步，“我们也从确定的目标开始”。卡兰尼克从公司不同部门抽调了五个人组成团队，他们确立的目标就是：每周完成一定量的行程。“有了核心指标之后，确实帮助不小。脸谱网的每个人都明白，自己的目标是每月保持一定量的活跃用户。而在优步，我们同样知道，公司需要的是增加乘客和司机用户数量，并减少现有乘客和司机的流失。”

为了实现团队的成长目标，贝克的团队可以随意调整优步各部门的策略——营销、金融、产品开发等各个领域，无一例外。卡兰尼克密切关注着成长团队的进展。贝克说：“我们有一段时间，每周五的早上都和特拉维斯见面，为此，我们周四晚 7 点钟就开始准备至第二天凌晨 3 点。每次见面，他都会拿一张当日任务卡，上面写着他希望当天完成的任务。他正是利用这种方式，避免计划与执行之间出现断层。”例如，贝克说，他的团队想在优步的网站上试用一个注册按钮，用于司机注册，但品牌设计团队却反对这么做，因为他们感觉按钮看起来很丑。卡兰尼克的任务卡上就列出了品牌设计团队的担忧。贝克说：“很快，通过这个按钮注册的‘有机’用户人数高居首位。”贝克所说的“有机”，意思是没花钱、没通过市场营销活动获得的客户，“因此任务卡上的这一决策就很完美”。

在 2014 年初，卡兰尼克聘请了亚马逊之前的总经理——杰夫·霍尔顿，请他来监管优步的产品。入职亚马逊之前，霍尔顿曾与杰夫·贝佐斯在华尔街的德劭基金共事，此后两人才一起加入亚马逊。和卡兰尼克联系上的时候，霍尔顿还在芝加哥的高朋团购网工作，这个公司起初发展飞速，但是到后来却停滞不前。

卡兰尼克委托他把优步的产品开发工作进一步专业化。霍尔顿说："我刚来优步的时候，产品开发几乎没什么进展。我们当时的主要工作就是修复漏洞，倒不是因为该这样做，而是因为只能干这个，简直是一团糟。"霍尔顿之前也碰到过类似的状况。"当小型创业公司达到一定的规模时，发展就免不了陷入僵化，因为公司不论处理什么事务，似乎都只是把大家凑到一间屋子里开会。对小公司来说，完全没必要专门设立这样一个部门。"

霍尔登完善了流程和框架。他还强调，优步产品还有两大缺陷：一是乘客没法提前告知司机目的地，二是司机不知道路线。"我还记得搭乘菁英优步的时候，告诉司机终点后，他们往往需要把车停在路边，在 TomTom（全球高端导航品牌）设备或其他小玩意里输入地址。当时的我就会感觉，'这也太差劲了'。"他新开发的"灵机一动"功能，完善了优步的搭乘体验：地址由乘客输入，再由优步内置的地图规划路线并导航。

2014 年 8 月，优步开始推出这两项功能，自此，乘车的周转时间大幅减少。不过这也预示了未来的一场大战。在优步诞生之前，人们判断出租车司机是好是坏，标准就是他们对城市街道的了解程度。（伦敦评估出租车司机的测验就叫“了解度”）现在有了GPS导航，司机是否熟悉道路就不那么重要了。司机的价值降低了，仿佛转转方向盘，踩踩油门和刹车就够了。也许有一天开车也能像导航一样由计算机完成，这一天什么时候到来呢？霍尔顿自己也在问这样的问题，而且他很快就会着手去解决这个问题。

就在戴维·克雷恩即将完成生命中最重要的一笔交易时，特拉维斯·卡兰尼克一通电话打来：“你听我说。”不过卡兰尼克说的是他不爱听的话。克雷恩此前的职场道路非常的与众不同，他早期是谷歌的公关经理，后来加入谷歌内部风险投资部门，成了投资人。他十分了解谷歌及其独特的发展方式，这就刚好弥补了他在投资方面经验的不足。想要与谷歌建立战略关系，拿下谷歌风投（Google Ventures）的投资也许是一条出路。这正是他和卡兰尼克在2013年夏天一直在探讨的话题，希望通过这种方式，让谷歌也在优步占股。

谷歌只是众多争先恐后想要投资优步的企业之一。克雷恩在“选拔赛”中一路走得很顺利。卡兰尼克告诉克雷恩，除了谷歌风投，还有一家投资方也要投给优步2.5亿美元。这样一来，优步的估值就达到了 35 亿美元。然后他就接到了卡兰尼克这通“你听我说”的电话，显然是争取投资出了问题。原来，在过去的几个月中，卡兰尼克一直沉浸在另一家投资方给他编造的美梦之中，这家投资方就是私募股权公司得克萨斯太平洋集团（Texas Pacific Group，简称 TPG）。得克萨斯太平洋集团有一位合伙人，叫戴维 · 特鲁吉罗，他一直带头鼓励公司参与投资早期的互联网行业，而一般的私募股权公司则往往更倾向于投资成熟企业。特鲁吉罗之前就是卡兰尼克的朋友。在特鲁吉罗哄完孩子上床睡觉，卡兰尼克也下班之后，两人会在旧金山见面，一起喝啤酒。两人深入探讨优步的业务，卡兰尼克不停地打开笔记本电脑查看数据，包括司机群体、客户流失率、司机和乘客的生命周期价值、乘客获得成本等。而得克萨斯太平洋集团也一直暗自做着研究。公司派出工商管理硕士预科生去纽约和旧金山，让他们在当地乘坐优步车，并准备好一系列问题咨询司机。调查结果让公司大吃一惊，司机相当看重工作时间的灵活性，即自主选择服务时间，还很看重互联网交易的安全性。

在此之前，卡兰尼克一直在忙于吸引投资。现在，风水轮流转，轮到得克萨斯太平洋集团迫切地想要投资优步。集团创始人之一戴维 · 邦德曼，在 2009 年加入通用汽车公司董事会，这是政府对它实行破产资助的程序。他让通用汽车副总裁斯蒂芬 · 葛斯基去旧金山了解一下优步，这个公司未来可能会给汽车所有权带来巨大影响。（要不是邦德曼提到优步，葛斯基还不知道有这么个公司。）2013 年夏天，邦德曼和特鲁吉罗邀请卡兰尼克陪他俩乘坐集团的私人飞机去趟亚洲，和许多商界及政府的领导人见面。多年来，得克萨斯太平洋集团投资过许多监管公司，他们告诉卡兰尼克，跟监管公司搞好关系会大有裨益。

2013 年 8 月，卡兰尼克决定接受得克萨斯太平洋集团的投资。鉴于谷歌风投一直都希望成为优步唯一的投资方，卡兰尼克便用一种新颖的方式把得克萨斯太平洋集团纳入投资者之列。他知道加勒特·坎普愿意出手自己持有的一部分优步股份，从而拿部分到手的资金赞助新的投资公司 Expa。（通常情况下，卡兰尼克强烈反对自己的员工和投资者出售优步股份，不过会在最后关头允许一些员工把部分股份卖给公司。但是，坎普的这次请求他却早早地就同意了，因为如果没有坎普，就没有优步。）得克萨斯太平洋集团没有直接投资优步，而是从坎普手里购得约 1 亿美元的优步股票，这种巧妙的策略称为韦弗利贷款（Waverly loan），坎普和得克萨斯太平洋集团对彼此负责。坎普说：“我知道这是赔本买卖。”但他也知道为了吸引得克萨斯太平洋集团投资，这样做利大于弊。在卡兰尼克的坚持下，邦德曼将加入董事会，而特鲁吉罗则不能加入。对于谷歌风投，他也提出了类似的要求，只允许克雷恩在董事会担任观察员。与此同时，他却邀请谷歌的长期策略代表戴维·德拉蒙德加入董事会。就像对于Benchmark资本，他倾向于任用比尔·居莱而非马特·科勒一样，卡拉尼克非常看重经验、地位和知名度。

克雷恩本以为谷歌风投能独占投资方的宝座，心里难免有些失落。而卡兰尼克则一如既往，凭借着自己的一张巧嘴安抚了克雷恩。他说，这两家投资公司各司其职，各有所长。他告诉克雷恩说："你们是数字技术派，他们是模拟技术派。"卡兰尼克发了一篇博文，宣布拿到了2.58亿美元的投资，全然未提得克萨斯太平洋集团的投资其实落到了坎普手里，而非优步，博文里还首次使用"比特和原子"的比喻，暗指谷歌和得克萨斯太平洋集团各具优势。这个结合了数字技术与现实经验的比喻，指的正是投资双方。卡兰尼克自认为用这个来比喻优步也很恰当。

在谷歌和得克萨斯太平洋集团投资后不久，卡兰尼克又聘用了一个关键人物——埃米尔·迈克尔，这个人后来成了优步的业务主任。迈克尔曾接受过律师培训，还在硅谷的两家小型公司Tellme Networks和Klout工作过。他曾在流媒体音乐公司Spotify和健身追踪器公司Jawbone做过高管，但仍在四处寻找合适的工作。他也是一位知名的白宫学者，曾担任美国国防部长罗伯特·盖茨的特别助理，从事过包括监管网络安全的烂摊子在内的很多工作。他说："我在阿富汗、伊拉克和巴基斯坦待了很久，就是为了学会用科技帮助部队实现移动支付。""我们花钱请阿富汗人保卫自己的国家。可是当地的军阀会把钱偷走。所以我们用手机支付，这样他们就没法偷现金了。"

迈克尔将他的"战斗"技巧带到了优步，起初就是单纯为了巩固和某些公司的关系，因为它们愿意把优步服务整合到各自的手机应用中，比如美国运通（American Express）和美国联合航空（United Airlines）。迈克尔在之前的公司就负责融资，他告诉卡兰尼克，自己在优步愿意继续负责这块业务。特拉维斯说："埃米尔，我们刚刚筹集了2.5亿美元，我认为不需要再筹钱了。"

可现实情况恰恰相反。随着优步与本土的Lyft以及世界各地公司的争斗愈演愈烈，公司的资金缺口仿佛突然成了一个无底洞。到2014年中期，卡兰尼克真的委派迈克尔负责融资活动了。但卡兰尼克希望按他说的办法去做。迈克尔说："在融资这个领域，特拉维斯教给我的简直突破了我毕生所学的认知。""他告诉我不要沉迷于结果，而要享受过程。"实际上，他希望迈克尔好好组织一次竞拍，让投资者能自己"出价"，这里的价格指的是公司的估值以及对方想投资的数额。

"我很严肃地看待这次活动，让每个人都各司其职。我跟每个人说的话都一样，不给任何一方特殊待遇。"

2014 年 6 月，距离优步筹到 2.58 亿美元不到 9 个月时间，优步又从另外三家公司——威灵顿管理公司（Wellington Management）、富达投资集团（Fidelity Investments）、贝莱德（BlackRock）募集了 12 亿美元，现在估值高达 170 亿美元。这一轮融资之所以值得注意，原因主要有二：其一，投资方既不是来自风险投资公司，也不是来自私募股权公司，这表明优步的吸引力大增，其魅力的光芒甚至照耀到社会最主流的投资方，而它们本来的投资对象并不以科技公司为主。其二，鉴于优步更看重融资过程，公司最后的估价远远高出了预期的目标。迈克尔说："我们本以为估值也就 80 亿美元。"

有了充足的资金，优步的成长突飞猛进。到 2014 年底，优步已然风靡全球，覆盖了全世界 262 个市场。这一年，公司也从众人眼中带来颠覆性突破的宠儿，变成以强凌弱的霸主形象，一面讥笑争执，一面针对所有人。所有人，包括出租车公司、监管部门、政治家、竞争对手、记者、公司旗下的司机，甚至女性，都完全有理由对优步的所作所为感到愤愤不平。造成这一切的罪魁祸首正是代表公司形象的首席执行官——特拉维斯·卡兰尼克，而他还总为自己的直言不讳而自豪。无论是公共场合还是私底下，他好像都藏不住话，仿佛直言不讳的特质是他骨子里带的，就像是眼睛的颜色，抑或是说话的嗓音。他的一些被广为报道的弥天大谎有时候也能适当地起到保护作用。不过，从这些话也不难看出他极度缺乏同理心，最起码连什么时候应该保持安静都不知道。

卡兰尼克在谈论女性的态度上尤其容易出问题。硅谷以男性为主导的兄弟文化对于这种局面非但毫无助益，反而会带来更多麻烦——电脑程序员和风险投资人起初都是男性，这两个领域当中的女性角色十分稀缺。硅谷中最关注女权的男性逐渐意识到，在科技领域，下意识的对女性的偏见非常普遍。但是卡兰尼克却毫不在乎这些。优步的许多高层管理人员都是女性，比如北美业务主管、业务扩张主管、法律总顾问等。卡兰尼克或许是主张男女拥有平等机会的，但他还是摆脱不了大男子主义者的名声。卡兰尼克引用了一段方言，其中有一段他在圣费尔南多谷的青年时期的嘻哈歌词，他满意地说自己是一个“baller”（取得巨大成功的暴徒），还把调度用车的角色比喻为“该死的皮条客”（他指的是汽车，而不是女性。但是这个用词说明了他内心的倾向）。卡兰尼克习惯于把公司比喻为配偶，不论是 Red Swoosh 还是优步，有时还指责对方恶毒残暴。鉴于卡兰尼克是一个充满激情的企业家，这个比喻倒勉强合理，但如果脱离语境，这听起来就有点古怪了。*GQ* 杂志的一位作者致力于捕捉优步所带来的男性荷尔蒙之风，2014 年初，卡兰尼克向他承认，新事业大获成功，他对女性的魅力明显提升了。卡拉尼克开玩笑说，他现在勾引女人就像用优步叫车一样简单。*GQ* 引用了他的话，“没错，这就叫‘男神’”。

但是优步永远摆脱不了众人对它排斥女性的指责。自从优步席卷世界各地以来，就频频爆出有女性受到骚扰和威胁，甚至被司机强奸的新闻。例如，2016 年，波士顿网站上，就有一位记者艾莉森·波勒记述了自己搭乘优步的悲惨遭遇。她完全遵照优步的指示，上车前先确定车牌照与手机软件里的信息一致。不过这辆车有一项不符合规则——只有两扇门，所以这位记者坐在前排座位比较方便。波勒后来描述道，司机锁上门后就骚扰了自己。虽然最后平安脱身，但是她想起这一经历还是忍不住后怕。此外，她联系优步之后，一位客户服务代表向她道了歉并补偿了 30 美元，但一开始没法确认司机是否已经受到惩罚或被踢出平台。

优步内部也有类似的情况。2017 年 2 月，之前在优步做过工程师的苏珊·福勒在网上发表了一篇文章，题为“回想在优步怪诞的一年”。文中指控她的男上司对她性骚扰，而且那之后，优步的人力资源部门对她的投诉也是一副置之不理的态度。卡兰尼克在推特上称这样的指控“令人作呕，并且有悖于优步一切的立场和信仰”。他还说这是自己第一次听说福勒的投诉，针对此事，他还专门成立了一个委员会进行调查，委员会成员有董事会成员阿里安娜·霍芬顿和美国前检察长埃里克·霍尔德。

只是这些措施没有一项能挽回优步在女性乘客中的声誉，她们已经开始质疑公司的信息记录了。确实，相比于出租车，优步的优势就在于实时跟踪，并且记录下驾驶员的身份。除了优步司机，社会上还有其他群体对女性十分不友好。只不过由于优步太火了，所以问题才越发放大。出租车司机在各地都受到严格的管制。在大多数城市，出租车后座显眼的位置都摆有投诉热线和司机的工作证号。而处理投诉不得当的情况在优步似乎发生过多次。事实上，作为一个新兴公司，优步经常对各种投诉反应迟钝，而且这些投诉不仅仅来自受到惊吓的乘客。由于优步的规模和影响力，它好不容易才让人摆脱掉女性乘客不该使用优步的观念。事实上，新闻网站 BuzzFeed 发布了一份报告，就优步的客户服务投诉进行分析后发现，“强奸”和“性侵犯”这两个词出现了上千次。优步对 BuzzFeed 的报告提出异议，指出“比率”（rate）这个词经常被错拼为“强奸”（rape）。此外，“强奸”一词中的字母还会出现在“德雷珀”（Draper）这样的名字里。优步方面说，他们分析了三年的数据，发现有 170 起投诉声称有性侵犯，即每 330 万次行程中会出现 1 次。

社会的看法伤及了公司的底线。优步的科技力量原本能够带来好处，可如果被坏人加以利用，结局怕是会让人不寒而栗。碰上有暴力倾向的司机是一回事，而司机知道乘客的姓名和住址则完全是另一回事。随着丑闻一一被证实，每当涉及此类敏感话题，优步的高层管理人员总是想办法把自己撇干净。

卡兰尼克一次又一次对用户的顾虑置之不理。他不仅态度冷漠，还为动态定价机制辩解，这显然激怒了那些认为这样是哄抬价格的人。在他眼里，任何抱怨动态定价的人都是不了解供需规律的笨蛋。他无情地向大众表现出自己的态度——对那些支持出租车公司发展的公职人员嗤之以鼻。可有时候，他这股劲完全打偏了方向。在2014年中期，他告诉记者："这是一场政治运动，候选人是优步，对手出租车就是个浑蛋。"这个说法流传甚广，人们认为卡兰尼克把出租车司机称为浑蛋。他本意想贬低的是出租车公司的老板，而不是辛苦劳作的出租车司机，只是这层意思"在解读中丢失"了。他说："我们必须揭露出租车行业隐秘的真相，揭露这背后的黑暗、危险以及邪恶。"但是该论述并没有像"浑蛋"二字一样受到广泛关注。

对于优步司机遭遇的困难，卡兰尼克依然是那副冷漠和无视的态度，哪怕这事关公司命脉。在优步投资无人驾驶软件的前一年，他解释了无人驾驶技术对业务的影响，刚巧可以借此回避他之前态度冷漠的问题。同样，在加州派洛斯福德牧场召开了一场颇具影响力的技术产业行为原则会议，其间接受采访时，他说：“用优步打车之所以贵，是因为你不仅要为租用整辆车买单，还要支付给司机一部分钱，而这恰恰也是无人车的神奇之处。所以如果没有司机，那么不论在哪里，乘坐优步的价格都比自己开车低得多。”当被问及优步司机如何看待这件事时，他又搞砸了。“假如我面对的是同优步合作的司机，我会跟他们说，‘看，走这条路是大势所趋，如果不这样，那公司怕是不复存在了，所以我们别无选择，只能顺应趋势。’我们走的正是科技与进步之路。”

卡兰尼克似乎永远处理不好自己同司机之间的嫌隙。事实上，嫌隙越来越大了。在2017年初，一个驾驶UberBlack很久的司机就降价对司机的影响挑战卡兰尼克。这名司机拍下了卡兰尼克发火的片段：“有些人不喜欢为自己摊的烂摊子负责”。这个司机声称已经损失了近10万美元，宣布破产。司机把这段视频透给了《彭博商业周刊》。卡兰尼克说，他对此“感到羞愧”，并承诺会寻求领导力方面的帮助，还保证以后做事会“成熟”一些。

这一在他毫无防备之下发生的事，刚好证明了他的冷漠几乎跟政治声明处于同样的水平。毕竟，他的推特头像用的是安·兰德的著作《源泉》的封面。兰德是20世纪20年代的小说家及哲学家，她提出了客观主义哲学思想，这一学说相信资本主义的力量，相信科技进步，还相信政府会造成负面影响。在那些刚刚体验到思想自由的校园共和党人和其他大学生人群中，兰德很受欢迎。

不夸张地说，卡兰尼克正是依据兰德的信条“注重发展才能成功，循规蹈矩会导致失败”去生活的。但是他也深知，信条一说对于挽回自己在公众心中形象的帮助微乎其微。2014 年秋天，《财富》杂志把 38 岁的卡兰尼克列在“40 岁以下杰出商人前 40 名”榜单的第一位。榜单附上的采访文章，提到了他对兰德的喜爱。卡兰尼克给我发电子邮件抱怨这件事。他写道：“互联网上流传着一种疯狂的说辞，说我在某种程度上算是安·兰德的信徒。”他说他喜欢在推特上发一些他读过的书的图片。“几年前，我读了《源泉》，就把它的封面作为我的头像，但这背后没有任何政治寓意啊。”他在邮件里还说，现在，尽管在阅读了热销的罗恩·切尔诺的人物传记之后，他已经把头像换成了亚历山大·汉密尔顿，可“网友在这个问题上纠缠不休”。（卡兰尼克没有赶上汉密尔顿带来的潮流，流行音乐剧《汉密尔顿》2015 年 2 月在外百老汇剧院中上演，于 8 月在百老汇上演）。“当然，没有人因为我把头像换成汉密尔顿而叫我‘愤怒的联邦党人’，也没有人因为我把头像换成《安德的游戏》（奥森·斯科特·卡德的一本科幻小说）的封面就说我是这个小说的狂热粉丝。”

如果卡兰尼克感受到了如此高的关注度，那么对他和优步来说，情况只怕会变得更糟。针对 Lyft 的 SLOG 行动已经在越来越多的技术知识型人物心中固化了优步的恶毒形象。“但愿人们知道优步有多么邪恶，然后共同抵制它的服务。”The Verge 网站上一篇揭露优步对 Lyft 采取行动的评论这样写道。另一篇文章则说：“现在，优步的另一位首席执行官也疯狂崇尚安·兰德的自由意志主义，人们还有什么可期待的？”在一些沿海城市，坚决抵制优步是政治正确的行为。之后，在 2014 年 11 月，优步在纽约举办了一场晚宴，邀请了许多有影响力的记者，希望借此改善大家对公司的看法。这本该是场私人晚宴，但新闻网站 BuzzFeed 的一位编辑也在现场，他引用了埃米尔·迈克尔所说的话，说优步可能会调查与优步有宿怨的记者的背景。

随后的争端更是让优步在硅谷的坏名声进一步恶化。虽然迈克尔向自己曾经恶言相待的记者道了歉，但是伤害已经酿成。接下来的一个月里，英国《卫报》开始用大量篇幅调侃优步的形象：“真同情那些尚有良知却遭受伤害的城市居民。对他们而言，担心碳排放、社会不公、不纳税的咖啡连锁店等其他任何伦理问题还不算完，现在又多了一项麻烦，每每使用优步的手机应用叫车时都会心生愧疚。”几个月后，在旧金山举行的行业颁奖典礼上，喜剧演员托德·约瑟夫·米勒嘲笑卡兰尼克应该被颁发“一直踩狗屎”的奖项，米勒曾在家庭影院频道热播的《硅谷》一剧中扮演常年醉酒的公司创始人埃利克·巴克曼，非常受欢迎。

对于优步来说，当前形势很危急：即使业务量迅速增长，公司形象却不断受损。优步早期的投资者兼顾问克里斯·萨卡惋惜地说道：“公司已经彻底丧失在群众中的口碑了。”当时，由于想买下其他投资人手中的股份，他和卡兰尼克还吵了一架。（多年来，卡拉尼克亲自把关，坚决不允许在优步上市前出售公司股票，他自己一股都没卖过。）戴维·普劳夫是奥巴马竞选团队的主席，加入了负责监督通信和政策的公司，他称今年的事件是一系列的“非受迫性失误”。而莱恩·格雷夫斯把这段时期称为“艰难岁月”。他把大量的宣传失误跟上市公司股票惨跌时的经历相比，借此聊以自慰。两年后他回忆道：“那是我们股价低迷、举步维艰的一段日子。但是总的来说，我认为情况会好转。实际上，无论是对于一个组织，还是对于那些最终可以从中挣脱出来的人来说，这些经历都是有好处的。”当然，这还不是优步最后的“艰难时刻”。

Wild

08

优步无处不在

几乎从一开始，卡兰尼克对优步的预设就超出了普普通通的出租车升级业务。对他来说，这个物流平台能运送的对象可不仅仅是人。

Ride

到 2015 年初，优步面临的已经超出感知层面了。尽管规模庞大，但它还是一家东拼西凑的初创公司，缺乏成熟的运作机制。优步还爱挑事儿，办事随意，喜欢跟着感觉走，鲁莽，不负责任。因此，优步魅力不似从前。换句话说，虽然优步已经把载客车型从豪华轿车降到普通轿车，但还需要大规模升级。优步既需要有运营全球性企业经验的尖端人才，也需要弄清楚大型企业的流程，这跟当初那个起步于硅谷的创业公司的流程可大不一样。

优步安保不到位的问题格外严重，具体而言，就是公司对乘客提供的信息和对司机、乘客的保护不足。简言之，优步的数据、司机和乘客都没有获得应有的安全保障。优步的数据不仅浩繁，而且不同于别的公司，它的数据影响力巨大。为了保证其服务正常运转，优步不仅收集了每位司机的驾照和保险信息，还收集了每位乘客的信用卡卡号和手机号码。优步掌握这些相关信息，为的是让乘客享受高品质服务的保障（按下键，车就出现，而且无须现金支付），但同时也承担了重大责任：这些信息也是了解数百万名司机和乘客的关键数字信息。

可是优步却常常表现得像是还没准备好承担这一重任。早在2012年，优步就发表了一篇博文，描述估算一夜情的方法（它把这些行程称为“荣耀之旅”）——利用电子表格统计出某位乘客多次在深夜搭单程车，第二天一大早又在目的地附近返程。实际上，优步是在向公众宣布，它正在通过分析用户数据来总结其性行为的大致规律。“过去，人们会从睡梦中惊醒，在黑暗中吃力地摸索自己的皮大衣或天鹅绒夹克，或者其他炫酷的衣服。”博客中写道，吹嘘着公司的分析能力。“还要在黎明前走过漫漫长路回家。不过此一时彼一时。时代变了，‘羞愧之行’的时代已经终结。如今是优步时代。”（优步后来删除了这篇博文。）

事实上，对于客户隐私以及公司收集到的数据可能被滥用一事，优步表现出的目光短浅，着实令人震惊。2014年5月，一名不明身份的黑客侵入优步的服务器，并从数据库中窃取了至少5万名司机的姓名及驾照号码。优步在9月份就发现这起盗窃案，但直到来年2月份才告知司机，他们的个人资料已经落入嫌犯手中。这次信息泄露在优步自诩的“合伙人”中引起了骚动，而公司告知不及时的行为更是火上浇油。优步为受到波及的司机免费提供信用卡安全保护，并表示之前没能发现数据被盗用的情况是公司的失误。然而，木已成舟，公司的名誉损失已经无法挽回：优步要求司机和乘客向它公开个人信息，信息公开人却不能相信它能保证信息安全。

还有种种迹象表明，优步想要鬼鬼祟祟地管理这些敏感信息。数据泄露一事经调查之后，优步又被爆出正在利用一种叫作“God view”（上帝视角）——后更名为“Heaven view”（天堂视角）——的工具，使其员工能够掌握乘客的动向。但优步有能力做到这点其实并不令人震惊。毕竟，优步手机应用里内置的 GPS 不仅能让乘客看到司机的位置，还能告诉别人自己预计到达的时间。真正令人震惊的是，优步内部规则竟然如此散漫无章，会允许员工利用 God view 来监视顾客。纽约分部的总经理就曾向一位记者透露，自己曾经用这一工具来监视她。显而易见，优步内部有权使用 God view 的人太多了。

此外，优步还牵涉进一些令人不寒而栗的意外事件，登上了头版头条。2014 年 12 月，一名优步司机在印度德里被捕，有人指控他强奸了一名乘客。优步在德里的运营当即被叫停，还有人指控优步对该嫌犯的背景信息审查不够充分。据称该强奸犯此前在印度其他地区已被指控强奸，而他此次被捕时正在保释期间。（他后来被定罪，并被判处终身监禁。）在印度，这次案件备受瞩目，还激起了公众对性暴力的强烈抗议。这也令加州分公司如坐针毡，因其在保证客户安全方面做出的努力尚有欠缺——这也是总部未来将长久面临的一项指控。

随着这些事一件件发生，优步急需一位高管来保障乘客的数字信息和人身安全。这对于科技公司而言是一项艰巨的任务，它们虽然不缺高管，但是这些高管却缺乏应对安全问题的经验。为了填补这个角色的空缺，优步招募了乔·沙利文，他当时正在脸谱网从事数字信息方面的工作。沙利文说，他本来对这个职位并不感兴趣，而且对优步名声的不良心怀芥蒂。他很满意自己在脸谱网的工作，感觉很刺激；而优步这样一家公司对他并无吸引力——其总裁竟吹嘘其运营的不是 Uber，而是 Boober。[①] 他说："我是三个女孩的父亲。"

而沙利文最终下定决心加入优步，是因为他可以同步监测"现实世界和数字世界的双重威胁"，可以直接向卡兰尼克报告，而且为了完成任务，可以利用几乎不受限制的资源。他说自己的任务是把安全性打造成优步的"品牌特色"。

---

① 卡兰尼克在 2014 年的一篇 *GQ* 杂志文章中，曾开玩笑地将 Uber 形容为女人的胸部（Boober），因为公司帮他吸引到了女性。——译者注

沙利文于2015年春天加入了优步，手头等待他处理的事情很多。要确保司机和乘客信息的安全，就需要优步在亚马逊网络服务系统账户（优步利用该服务存储其数据）的身份验证环节更加严格。他说："我们从基础工作着手，打造最佳体验。"他的团队研究出了远程信息处理技术，能够通过网络收集汽车行驶的信息。例如，优步对司机使用手机的监测就十分精确，可以判断他们是否一边开车一边拿着手机，而开车用手机是严令禁止的。此外，优步还可以监测到驾驶员刹车是否用力过猛，是否超速。了解到这些实况，可以让优步在接到乘客投诉时更公正合理地解决争端。蛮横的醉酒乘客对于优步司机而言一直是老大难问题，而沙利文的团队提出了一种特别的解决方法，兼顾物理现实与数字科技。他说："我们试验了司机是否存在注意力分散和自娱自乐的情况，比如在软件中设置一个游戏。软件还录入了司机详细的个人简历，看看能否建立同理心。新时代下就得尝试全新的解决方案。"

慢慢地，优步的领导团队认识到安全保障是公司面临的现实层面问题，也就是卡兰尼克的"比特和原子"概念中的"原子"。沙利文从业初期做过网络犯罪诉讼律师，出于工作需要，他需要列一个花名册，名单上的人都是公司以前的员工，并且每天都跟顾客有面对面交流——这是互联网公司特有的工作性质。乘客与优步司机不分白天黑夜地交流对接。同样，优步在每个大城市都有容易找到的司机支持中心，而每处都是潜在的安全隐患。“这在很大程度上像是在为麦当劳的运营提供安全保障。”沙利文说。他雇用了一名前任特工，西联商店的安保制度正是出自该人之手。在举办重大体育赛事和音乐会的场地周边，也是司机和乘客经常面对面的地方，这时候也格外需要注意安全。沙利文思索着说：“举个例子，举办美国橄榄球超级杯大赛场地的停车场，要考虑的因素有很多。”

在防护安全方面，优步尽量表现得像一家成熟的大公司，它甚至还启动了比许多成熟公司规模还大的监管项目。萨莉·凯在三十五六岁时做过爵士歌手和裁缝，拿下了公共政策学位，还一直在加州从事政治相关的工作。加入优步之前，她在德尔蒙（Del Monte）食品公司的萨克拉门托办公室工作，负责监管事宜。2014 年春天，她加入优步时，公司正在跟进美国各州及地方总计 330 多项法案，以确保优步不会因违背条例而被迫停止运营。她说：“从德尔蒙到政府部门再到优步，最让我欣喜的是公司进展竟如此之快，我们真是一群幸福的战士。”

国家立法机关是十分古怪的地方，经常在业余时间开会，而 2015 年恰恰是对优步至关重要的一年，因为许多州的立法机关都在开会。凯一直密切跟踪指控优步的多个司法机构的活动。例如，西雅图曾颁布法案，把交通运输网公司（TNC）同时运行的汽车数量上限定为100辆。凯曾在科罗拉多州从事立法工作，该州在立法规则上一直摇摆不定，既颁布过限制性极强的法律，禁止优步在丹佛市运行，又曾通过温和的法令，首度对共享乘车服务只做轻度监管，并承认该服务的合法性。凯最终搬到了拉斯韦加斯，这是优步退出的第一个城市。不过在2015年，优步又赢回了在该城市的运营权。

一次又一次，每当监管机构介入时，优步就上演求助乘客和司机的戏码。凯说："我们每次都能赢。"不过他指出，全天候工作让他精疲力竭。但是又说："我们一直处于战斗力满格的状态。"

监管之争的规模正悄然发生变化，从一开始的剑拔弩张到后来的零星爆发。而到了2016年，卡兰尼克开始转移工作重心，逐渐引导优步走向一条规避风险、发展平稳的道路。此外，优步之前曾为了实现业绩增长不惜付出任何代价，如今也认识到花钱必须要有分寸。戴维·普劳夫说："卡兰尼克的口头禅就是在现有基础上做得更好。"普劳夫说："卡兰尼克在2016年的指令就是改进司机和乘客端的优步软件、改进地图布局、更好地服务客户，并能认识到部分系统已经跟不上业务发展速度了。有如此考虑确实是成熟之举，又不太符合特拉维斯的行事风格：用放慢速度来形容似乎不太合适，而应该说是抓大放小，把重要的事情置于优先地位。

为了保证系统落实到位，卡兰尼克求助于自己常委以重任的执行官奥斯汀 · 盖德特。盖德特从实习生做起，逐渐成为优步的城市发行组的负责人，她是不多见的关系网遍布全公司的职员。她创立了一个团队，内部人员称之为PRO，意思是“程序资源最优化”（process resource optimization）。PRO算是公司内部的管理咨询部门，既能制定政策，又能汇集最佳行程实例，还能杜绝低效服务。盖德特说，PRO类似于“人类大脑，管控公司内部的事务”。它对一切信息都了如指掌，从如何给司机分配手机，到如何给员工的分析测试评分，再到如何精简世界各地的团队测评业务的指标。她说自己的任务就是负责提出问题：“我们如何让优步在各地提供的服务体验都类似呢？要是不这样的话，恐怕各地的服务就会变成一团乱麻。”

有时候，优步也会感觉公司的规模有些太大了。卡兰尼克常常在会议上质疑，为什么在场的人必须要召集来。必要的时候，他会要求自己的管理团队剔除毫无用处的官僚做派。而在东海岸，首席执行官蕾切尔 · 霍尔特则创办了“消灭官僚派委员会”，以汇集一些剔除颇具官僚作风政策的例子。她说：“这样做是在切实为公司发展考虑，怎么才能保持高速发展？怎么才能迅速做出决策？”例如，委员会认为，由于能够接触到某样工具的员工人数太少，甚至没法在自己负责的特定市场推行营销活动，于是他们扩大了名单。霍尔特说：“那样做是为了让人们放慢脚步，慢慢来。”

而在其他时候，优步却又得到相反的结论：公司处理的事情太少了。其中一个例子就是客户支持问题，该项目在2016年中期由盖德特暂时接手负责。她当时说：“客户支持形势并不乐观，这对司机而言无疑是极大的打击。而乘客也是备感挫败。这跟我们预定的准则也不相符。”盖德特开始一步步地解决问题：电话银行应该如何安排员工，安排在哪儿，哪些电话应由员工接听，哪些电话应由承包商接听，以及如何解决投诉等等。10月，优步聘请托伊·史蒂文森来负责客户支持的问题，他之前在易贝主管客户忠诚度。他对这些挑战了如指掌。在全职工作间隙，史蒂文森也做过优步的兼职司机。优步的司机总是怨声载道，他从中得出经验，不断让自己同工作磨合适应。

与此同时，优步也正努力整顿内部事务。公司采用广撒网的方式，判定哪种方案值得保留。几乎从一开始，卡兰尼克对优步的预设就超出了普普通通的出租车升级业务。对他来说，这个物流平台能运送的对象可不仅仅是人。如果是这样，通过这个平台优步还能运送什么呢？公司又该如何把各种赚钱的点子发扬光大，开拓其独特的交通运输网呢？

在 2014 年，卡兰尼克聘请了詹森·德勒格，给了他优步的一个最高职位，詹森是 Scour 的联合创始人之一。当初，许多 Scour 的老员工，要么追随卡兰尼克去了 Red Swoosh，要么跟着迈克尔·托德跳槽到谷歌，而德勒格则不在其列，Scour 破产之后，他就自立门户了。他创办了一家网上商店，起名“Back 9 Golf”，在上面销售二手高尔夫装备。随后，他又协助创办了科技公司 Gizmo5 Technologies。该公司发明了类似于 Skype 的互联网电话服务，不过针对的是小型企业，最终被谷歌收购。后来，德勒格加入了泰瑟国际（Taser International，一家电击枪制造商），该公司此时开始出售一种警务人员使用的执法记录仪。德勒格负责监管 Evidence.com 的网络资料库，里面包含警察上传的所有视频。

德勒格之前就曾探讨过到优步工作的事宜，但他决定先完成在泰瑟的工作。不过，他仍和卡兰尼克保持联系。随着优步一点点发展壮大，德勒格开始认清两件事。第一，在公司内扮演重要角色的可能性越来越小，加入估值相对较低的优步从而大捞一笔的机会在迅速蒸发。更重要的是，卡兰尼克为德勒格提供了一次绝佳的机会，刚好符合他在 Scour 破产后博采众长的身份背景。德勒格说：“卡兰尼克开门见山，他认为是时候专注于发展搭乘业务了。他的团队很棒，业务也开始成形。他希望有人能加入，负责特殊项目。”德勒格有两项任务，一要搞清楚优步除了运送乘客还能做什么，二要同时举债经营，维系优步软件、客户群、司机网，并支撑服务在世界各地运营。

德勒格将接手的部门，打破了企业家和投资人对各自领域商机的认知，正如优步打破了人们对传统交通领域的认知一样。德勒格说：“人们打来电话，给我们提供点子”。不论提什么都行，优步干洗、优步房屋粉刷等。德勒格听了这些意见，并进行了长达数月的研究，仔细分析优步应该选择哪个发展项目。他看中了其中三项，并将把它们列在包罗万象的“优步万事”（Uber Everything）的企业标签下。

拜优步的城市网络所赐，公司可以用一个十分有效的方法测试仍待商榷的想法是否可行。每个城市的业务都像小企业一样运营着，它们更像是大公司旗下自运营的子公司，而不像是隶属于总部的分公司，所以优步可以在小部分市场上先把优步概念的种子悄无声息地埋下，以估算需求。德勒格说：“实际上，整个实验环节进展飞快，因为团队成员通过把各方面信息整合到一起，就可以分析出消费者的需求取向。”这就是三个新想法付诸实践的具体方式。它们分别是：UberEssentials——派送便利店商品的服务（后宣告失败）；UberRush——商家对商家的送货服务，在

2016 年流行起来；还有 UberEats——食品外卖派送服务，成为优步旗下仅次于载客的第二大业务。2015 年春天，UberEats 业务率先在 4 个城市运营，即巴塞罗那、芝加哥、纽约和洛杉矶。到 2017 年初，这项服务已经覆盖了 62 个城市。

优步甚至一边探索交通网的不同用途，一边尝试为乘客提供不同的选择。UberPool 是公司提供的拼车服务，它可以匹配行程方向相近的乘客，进而大大节省车费。（对于司机来说，UberPool 不过是另一种打车方式，只是乘客和目的地不唯一。）UberCommute 最先在芝加哥和中国西部城市成都运营，该项目招聘的是上班方向相近的邻居，通过接送彼此，就可以省下通勤费用，同时支付给优步一小笔费用。UberHop 提供的是一种固定路线、固定价格的服务，它模仿了公共汽车线路，只不过开车的是优步司机。在 2016 年的绝大多数时间里，优步分别在西雅图（在当地收取的车费低至 1 美元）和多伦多试营了 UberHop 服务，只是后来均停止了运营。公司声称在两个城市获益匪浅，而且还会把吸取的经验运用于 UberPool 项目。现在，UberHop 服务的市场仅剩下菲律宾的马尼拉。

随着优步的业务不断在世界各地推广，不同地区也开始互通有无，分享经验。例如，中国的乘客下单时，系统就会让乘客选择是否拼车，选择拼车就会节省车费。芝加哥也是 UberPool 试行的一个市场，正是当地的经理决定尝试这一特色方案，内部人士称之为“中国切换”（China toggle）。在可以拼车的地区，对拼车与否的价格比较成了个人乘车业务的一大特色。在印度，优步的竞争对手还支持现金支付，优步则不然。在这一点上，卡兰尼克的立场坚定得近乎如宗教信仰，他认为无现金交易正是优步的秘密武器。然而，由于在印度使用信用卡的人不多，优步在当地的发展也不可避免地受到阻力，于是公司在海得拉巴南部的小城市试着允许使用现金支付。优步的战略发展主管爱德·贝克表示，试验取得的巨大成功终于让卡兰尼克心服口服。他说：“我讨厌你们这群人，但是我们必须要推出这项新功能（现金支付）。”现在，在众多拉丁美洲、亚洲和非洲市场，优步已经允许现金支付。公司甚至还在美国的两座城市——科泉市和丹佛市——进行现金交易试验。优步在印度市场的另一个创新成果就是UberDost，这是一款独立的应用，让司机通过推荐朋友成为优步司机来赚得奖金。该应用现已经拓展至全球范围。

此外，公司还进行了旨在改变优步形象的试验：与“反醉驾母亲协会”合作，鼓励年轻人乘坐优步，不要酒后驾驶；专门为退休军人成立了一个咨询委员会，以此鼓励他们去优步注册成为司机；与医院合作，让癌症患者在治疗结束后回家能更方便也更省钱，该服务第一次发布是在新泽西州的哈肯萨克医疗中心。北美地区业务主管蕾切尔·霍尔特表示："公司之前是用黑色轿车在晚会上接上乘客并把他们送回家，现在的这些伙伴关系和过去的业务大不相同。"

优步此类推广活动都采用分散管理的方式，负责的是几个特定市场的总经理，由他们监督优步在诸如医院等机构的拓展服务。优步对包括市场"特技"在内的其他特色服务的监管模式也是如此。所谓"特技"，不过是优步一个吸引人眼球的用词，比如运送小猫或用直升机送客户到汉普顿等。在像加利福尼亚州的圣路易斯—奥比斯波县和墨西哥的瓜达卢佩山谷这样的葡萄酒产区，优步提供了 UberWine 服务以刺激旅游业发展。在新德里、河内和班加罗尔的办事处则提供 UberMoto 业务，即搭乘摩托车的服务。在阿姆斯特丹和圣保罗等鼓励骑自行车出行的城市，UberBike 项目让乘客可以选择搭乘配备有自行车架的轿车。

优步希望各地的办事处都能开发新的营销思路，只是有时这些方法不但没有成效，反倒惹人厌烦。2016 年，墨西哥城办事处就想到一种方法，操纵印有优步标志的无人机，并飞到水泄不通的茫茫车流上方，用西班牙语发问："还在自己开车吗？这就是你们永远也看不到火山的原因。"话里影射墨西哥首都经常被雾霾遮蔽视线。解决方案就是：使用优步拼车。

优步努力让公司上下全部实现发展，尤其是在财务功能方面。鉴于优步一直以来从未停止过筹措资金，因此拥有专业的财务团队至关重要，现在公司估值达到了前所未有的高度，反观之前其他获得传统风投公司资金扶持的公司，从未达到这一高度。到2016年底，优步已经筹集了170多亿美元，其中包括20多亿美元债务。过去，是优步邀请风投代表上门，围绕在会议室桌前；而如今，几十个投资集团都在优步持有股份——持股性质多样，从对冲基金到私募股权公司，到共同基金，再到主权财富基金，均有涉及。优步成形最关键的是2013—2015年，在这期间，公司的首席财务官由布伦特·卡利尼克斯担任，他是一名资深财务主管，曾相继在微软和谷歌工作多年。2015年初，他突然辞职，只留下一群三十几岁、曾在高盛银行工作过的团队来负责公司的财务和募资活动。这群人当中领头的是高塔姆·古普塔，尽管当初他在高盛只算得上一名初级银行家，但早在2011年就投资了优步。

优步用实际行动证明，媒体和市场观察家关于“公司将很快上市”的预测是错误的。卡兰尼克反复强调，公司不急于上市。虽然说上市的前提是要有首席财务官，但优步却没有填补卡利尼克斯留下的职位空缺。单凭这一点，也说明卡兰尼克是认真的，他确实不着急。在互联网泡沫破裂之后，这种尽可能延缓上市的做法在硅谷公司中逐渐流行起来。其中的原因无外乎可以保护公司的收益不落入竞争对手手中。过去，公司都把上市看作融资活动，但像优步这样的公司根本不需要靠上市来融资。

与此同时，优步开始与其投资者以及潜在投资者分享一些信息，公司最后也决定与证券监管机构共享这部分信息。优步甚至向美国证券交易委员会透露了自己的会计理念，作为私营公司能这样做确实不同寻常。优步还会与投资者举行季度电话会议，这完全是上市公司的做法。2016年中期，古普塔曾表示："我们尽量做到专业。"他还补充说，优步近乎达到了作为美国上市公司需要的所有要求。（这里的要求具体指的是，既遵守公认的会计原则，又符合上市要求，这些要求上市公司必须遵守，但对于私营公司却不予强求。）古普塔说："我们确实做了上市公司应做的事，只是没有公开交易的股票。"

仔细分析数据就不难发现投资者为何如此热衷于投资优步。例如，根据看过投资报告的人士透露，2015年底，当优步以625亿美元的估值募集资金时，其年度交易额已经达到约135亿美元；6个月后，年交易额达到190亿美元，涨幅为40%。优步向投资者大力宣传公司时，主要靠的就是向对方展示公司在成熟市场的"负流失"表现。负流失曲线显示出在特定市场优步用户所占的百分比，该数值每个月都在上升。优步还向投资者展示了该曲线如何复制到一座又一座城市。这表明，如果这种趋势保持下去，乘客们将更频繁地使用优步，从而使公司的经济效益不断提高。流失指的是放弃该服务的乘客所占的比例。曲线显示优步的使用率随时间的推移而增加，这样一来恰恰展示出负流失特质。在优步放弃中国市场之前，古普塔曾说："几乎在世界各地的趋势都是如此——伦敦、悉尼、洛杉矶、纽约、新德里、北京，无一例外。优步无处不在。"

金融分析师把这种比较处于类似发展阶段的多个市场的方法称作"同期群分析法"。优步向投资者展示，在三年的时间里，它在旧金山最早的客户群使用优步的频率从每月 2 次增至现在的 15 次。古普塔说："这是使用时间最长的客户群体，但在世界其他地方也有同样的发展趋势。你如果单独分析其他客户群，就会发现他们也遵循同样的发展模式。"这种分析之所以意义重大，就在于优步向投资者分享相关数据，并告诉他们软件的发展前景有规律可循，进而让投资者可以针对优步未来的发展自建财务模型。因此，优步能够吸引投资者竞相出价，抬高公司的估值。

通过在全球数百座城市建立业务，优步还能向投资者展示每个市场未来预期的盈利方式。古普塔解释道："工作第一天，决不能让司机忙个不停。所以其实相当于我们自己掏钱来买司机的服务。我们这是在保障他们的收入。在特定的运营城市，这种工作模式会保持 9 到 10 个月。所以，我们每把服务推广到新的城市，其实都会带来一定量的亏损。这种发展模式叫作城市培育。在当地，我们投资是为了确保每当有乘客用优步打车时，总会有司机就在附近。”古普塔说，随着优步在新的城市打下坚实的群众基础，搭乘量便开始推动效率步入良性循环，从而为优步省下自掏腰包的钱，真正实现获利。到 2016 年初，优步实现盈利的城市多达 108 座，占运营总城市数的 1/4。

如果说公司自掏腰包不利于潜在收益，那么竞争才是更严峻的问题。在 2016 年的第一个星期，优步在美国的头号竞争对手 Lyft 宣布与通用汽车公司建立合作伙伴关系，并且双方还达成了投资意向。通用汽车同意向 Lyft 投资 5 亿美元，并打算利用 Lyft 交通网，打造公司自己的无人驾驶汽车服务。Lyft 在公司的技术大会上也给通用汽车留有一席之地。通用汽车公司向 Lyft 提供了资金，后者迅速利用这笔资金争夺优步关键的市场份额，其中就包括旧金山和洛杉矶。Lyft 在重要市场所占的市场份额已经达到 20% 左右。2016 年初，优步正试图压缩运营过程中的成本；而另一边，Lyft 正好借机发展在旧金山的市场份额。优步提供的数据表明，Lyft 在当地的市场份额增至 37%。

产品类似的情况下，其市场份额的大小完全取决于价格高低：谁家的叫车费更低，给司机的奖金更高，谁家的业务量自然就上去了。尽管 2015 年最后一个季度，优步在美国的业务尚有盈利，现在却陷入窘境。古普塔说："我们必须清醒地做出决定，为了重新赢回旧金山等城市的市场份额，公司必须放弃在当地的一部分利润。"当年年中，优步已经把Lyft在其总部的市场份额从37%挤回30%。优步把这个过程称作资产负债表之争，公司当时的资产负债已达50亿美元，远高于Lyft。

一切尘埃落定之后，优步又恢复常态，其总裁时而乖张，任性不已，时而会激励员工，但也常常激怒他们，哪怕他最忠实的追随者也常无法忍受。优步一步步走向成熟的过程，也是其总裁偶尔与自己的竞争欲望进行思想抗争的过程——究竟是顺应需求，建立现代化的企业，还是应该追随自己的内心，创立一家斗志满满、灵活多变又不走寻常路的创业公司。盖德特说："我觉得在他的脑袋里，仿佛就认为，'搞创新和突破时一定要弄出点动静'。"盖德特在卡兰尼克身上看到了一种"紧张感"，即使知道应该谨慎行事，还是坚持进行实验。她说，曾经有一段时间，在她和其他人创办公司时，手上拿到的都是空白支票。她说："而现在我们不得不开这些烦琐的预算会议。我们是在为每位员工的利益奋斗。"她说，卡兰尼克能一边极力教唆她绕过财务部门的规定，一边要求她证明某项计划的价值。盖德特说："我们也希望未来有一天公司能上市，而且是发自内心地这样想。只有这样，最后每个人才不会跟过去似的，拿到手的只不过是空头支票。特拉维斯确实努力想把一切都协调好。后来我想先进行实验，以证明股本回报率，我们又就此进行了更多探讨。”

在盖德特的心中，卡兰尼克更像是企业家而非管理者。盖德特说：“卡兰尼克总是想一蹴而就。我会说，‘好的，但那行不通啊’。但是，结果往往是，我们必须应付各种不可能完成的任务。我感觉他总是逼着我们创新，搞颠覆性创造，或者更甚。他从来没说过，‘哦，这样很完美，就此打住吧’。”

卡兰尼克把自己归为“高瞻远瞩”的总裁之列，正如这类人一样，他仿佛一块海绵，总是能不断汲取新的观念。然而，他也是个天生就心直口快的急性子，其一冲动就采取行动的特点往往会毁掉精心规划的方案。盖德特说：“他打电话跟我说，‘嘿，我有一个疯狂的想法’。每次他这样的时候，我都会回应道，‘千万别，’因为他的想法总是太不着边际了。我会说，‘不能那么做，太疯狂了’。但是之后，我们总能找到折中的办法。”又或者，很可能卡兰尼克的属下就完全遵照他的指示去做了。最近谷歌的母公司 Alphabet 的执行总裁兼优步的私人投资方埃里克·施密特主持了一场活动，其间卡兰尼克遇到了一位著名的巴基斯坦人。卡兰尼克紧接着就给盖德特打去电话，说：“就是拉合尔了。一定要在拉合尔推广我们的服务。”不出几个月，优步就在巴基斯坦的第二大城市拉合尔面世了。

其实，如果你不是他的手下，看着卡兰尼克时不时冒出的鬼点子还是很有意思的。一次漫长的晚餐过后，卡兰尼克抛给我一个关于我自己从事的行业领域——媒体产业——的疯狂设想。他受够了新闻界对自己的负面报道，因此幻想着召集优秀的记者，创立新闻机构，在企业主体（比如优步）的委托下撰写文章。客户（指企业主体）并不规定文章的取向，也不会在其他方面干涉文章报道，但有权选择不发表这篇文章。他也知道自己在跟我打一场“硬仗”，也知道不论喝多少啤酒也不能减轻我对这种想法的鄙视。后来我和盖德特说了这件逸事，她的反应却像是听了什么很无聊的新闻一般。她说：“他脑子里一直都有这样的点子，但有时候他确实是对的。只不过，通常我会更理性一些。卡兰尼克在公司内部确实有个圈子，他希望我们能赞同他的想法。而如果我们当中有一个人说不，他会去找下一个人，直到有人表示同意。但也恰恰是他的这种态度让我们日臻完美。他要是开始了一件事，整个过程非常折磨人，因为他像是在说，‘不行，你胆敢这样试试就等着瞧。决不能这样做’。但也正是这样，才驱使我们一步步发展到今天的阶段。”

Wild

09

真实的体验

但是，优步似乎在完善客户服务方面无能，至少在那些想借其谋生的司机看来，这点并不尽如人意。

Ride

决定写这本书的时候我就想，我需要尝试做一下优步司机，哪怕只是短期兼职，应该也不错。虽然有点担心无法胜任，但我还是很兴奋。毕竟，商业记者在自己报道的公司谋个差事，机会实在难得。我没法在谷歌编写代码，也不太可能替苹果公司在零售店卖手机。但基本上任何人都能用优步载客，所以这一次，面对这个我想深挖的公司，我终于能够彻底深入内部了解它了。

我敢说，跟很多人一样，我对驾驶出租车的工作曾怀抱浪漫的幻想。我曾吹过牛，在芝加哥做记者这一行，让我对这个伟大的城市了如指掌，简直能跟出租车司机媲美，但我知道事实其实并非如此。唯有亲自驾车，在城市的大街小巷开上几个小时，同市民和游客互动交流，才能真正了解这座城市。

而我向来没那个时间，也没有饱满的热情去开一辆出租车。

不过，这个想法一直盘旋在我脑海中，而此刻恰好是一次难得的契机。

事实上，这并非我第一次为优步驾车。早在 2010 年，优步刚启动运营的时候，我就和这家公司讨论过做司机的想法，以此作为我写给《财富》杂志的一篇文章的素材。（我坦白，我很有可能是想象着杂志上刊登一张自己戴着黑色司机帽的照片，并被这个想法所激励。虽然我也说不清为什么这么一张照片会让我兴奋成那样，可它确实有这个魔力。）当时优步还只提供黑色豪车服务，想要入职，显然还有重重阻碍，现在回过头来看更是如此。举个例子，当时注册成为优步司机就不太容易，除了驾照，司机还必须拥有买了保险的豪华轿车才符合条件。当时，优步才刚成立，迫切地希望打响市场。公司主动提出帮我联系旧金山的 7×7 商务用车（Executive Transportation），这是该公司兼并的豪华轿车服务机构之一，当时 7×7 正在网上招聘司机，愿意让我当一个周末的司机，并把我暂时加入公司的保险之中。

万事开头难。考虑到我刚入行，优步用电子邮件给我发了一些建议。一位公司代表建议我先熟悉一下旧金山的各个地段。他这样说："要么开车四处转转，要么就仔细研究地图。"（地图啊！）同时，我也会被要求进行与毒品相关的检测，以排除使用毒品的可能。接下来，我还得和优步训练员预约一个半小时的上岗培训，且必须完成大约一个小时的笔试和面试。

遗憾的是，我还是没当上优步的豪华轿车司机。2010 年秋，我跟优步刚搭上线，就忙着处理另一个时间紧迫的项目，包括完成一本关于苹果内部运作的书。不过，这次中途夭折的体验也让我积累了经验，对日后的工作很有帮助。

转眼就到了 2016 年，我再次投入本书的创作，聊一聊我加入优步司机的那些事儿。首先，我那辆 2002 年的日产探路者轿车太过老旧，怕是满足不了这份工作的要求，也许应该换辆新车，这是我浏览优步官网之前的想法。我考虑了许多方案：租车、借车，或者利用优步给司机的福利贷款买车。但是，5 月下旬的一个晴朗午后，我坐在电脑前搜索相关资料，这时我才知道，我那辆 14 岁、里程近 10 万英里的旧车，完全可以胜任这份工作。（随着时间的推移，优步大大放宽了对汽车使用年限的要求，目的是增加注册司机的人数。）注册大约花了 15 分钟，先输入驾照信息，再给优步权限调查我有无犯罪记录就好了。

接着，我离开办公桌，驱车前往旧金山的检查中心，那里恰好在我家附近。没人排队。一位优步员工给我的车草草做了检查。（安全带？没问题。尾灯？没问题。完成。）然后另一位优步员工检查了我的汽车保险和车辆登记情况，并帮我将优步司机应用下载到手机上，还给我配了在当地机场接送人的许可证。有位员工还给了我一个“欢迎”材料包，里面装着印有优步标志的贴纸，可以贴在前后车窗上。有个人站在一旁，等候多时，他是提供汽车清洁服务的。他递给我一张传单，告诉我如果有乘客吐在了后座上，可以给他打电话。潜台词是，有乘客在我的后座上呕吐是早晚的事儿。

就这样，所有的程序都走完了。从上网注册到向给我工具包的员工道谢，大约花了一个小时的时间。很快，我收到短信通知，说背景调查最多需要 5 个工作日，其实只用了 3 天，而接下来的一周，我就是一个正式的优步司机了。开自己的车不需要进行药物测试。而且研究地图的时代已经过去了：现在应用程序可以对驾驶路线进行智能导航。如果我选择把保险转为商业保险，那是我的问题，与优步无关。我并不需要额外的许可证，因为严格来讲我算不上专职司机。没有测验，没有面试，什么也不需要。只有一些有用的（还不是官方的）建议：狂欢过后的醉汉在我的后座吐了，该怎么办。万事俱备，我已经准备好打开优步客户端，开车赚钱了。

这次的开头真是不难。我第一次使用优步客户端时，有人建议我看一下新手视频，里面有些小提示。视频里特别提到一点，一定要询问乘客的名字，好确认是否接对了人。还提到要礼貌待人，提供良好服务，才能获得好评。

我决心给乘客留个好印象，于是接单前先去洗了车。然后又买了冷藏箱，里面塞满瓶装水，把冷藏箱放在前座上，供每一位乘客饮用。唉，可是没有一位乘客愿喝我的水，不过对这个赠水的服务他们也许还蛮欣赏——到目前为止，我的优步驾驶员评分还是五星好评。

且不说洗车和提供冰水的事，我确实是个新手，而且我很清楚这一点，因为在接下来一个小时的行程过后，我竟然忘了收费。任何一个有经验的司机都知道，在旧金山的住宅区，上午不会有人搭车。我还没学会怎么看软件里的涨价热度图，图上会提示司机在何处能大赚一笔。

下午晚些时候，我完全出于本能驱车开入市区。果不其然，我接到了第一个单：乘客是来自亚利桑那大学的大学生丹尼尔，他刚刚结束了在领英的第一天实习。下午 4 点 18 分我接他上车——话说回来，为什么他第一天工作就下班这么早？——把他带到附近的内日落区（Inner Sunset）公寓，整个夏天他都会待在那里，跟别人合住。我很幸运，拉的第一位乘客人就特别好，即便我还在摸索怎么正确使用软件，还因此拐错了好几个弯，他也没生气。

整段行程从旧金山市中心商业区的中心地带开始，到金门公园附近常年浓雾的小区结束——短短不足 5 英里的路就耗费了

22 分钟。丹尼尔和我谈了他的实习经历，以及大学毕业后想做的事。我跟他讲了我女儿正在参加夏令营活动。我深知，一名受过大学教育的中年男子，驾车载着一名大学生，而他不愿乘坐公共交通工具，视叫车为平常事儿，整个画面看起来很不协调。不过对于这种情形，他看上去倒不怎么在意。

多亏了优步的地图软件——司机可以从谷歌地图、Waze 地图（谷歌旗下）或优步旗下的地图产品中随意选择——我没费多大劲儿就找到了丹尼尔的暑假住处。（由客户输入目的地信息，对方不用了解当地民俗，甚至连语言都无须掌握。一个年轻女子曾载我来到旧金山，她当时刚从中国来这里，几乎一句英语也不会说；导航系统可以用中文告诉她路线。）丹尼尔下车后，我把车停到路边，看看自己赚了多少，然后搞清楚下一步该做什么。若是经验丰富的老司机，此刻只会继续开车，希望找到下一位乘客，而我却只想看看自己的劳动成果。我的第一单生意赚到了 12.22 美元。扣掉优步 25% 的委托费（3.06 美元），在不到半小时的工作时间里，我净赚 9.16 美元。（之前洗车花了 12 美元，冷藏箱花了 9.99 美元，所以我还没赚回本儿来。）我所处的地段不太好，当下应该回到城镇中更繁华的地带接下一单。白逛了 25 分钟之后，我才终于在旧金山市政厅附近接到了下一单。

这次的乘客是两位 20 多岁的技术人员，他们讨论了刚刚结束的会议，正打算前去其中一位的公寓继续工作。关于他俩我知道的也就只有这些了，因为他们完全没理会我，另外还忘了一件事，而后面的这件事，包括我在内的无数司机都曾经历过。整段一英里的行程只花了6分钟，从车辆右侧上车的那位乘客整个行程都忘了关好门，等我发现的时候，他已经下车好久了。我在经过下一个红绿灯时只好把车停在路边，下车关好门。这一单车费共5美元，扣除委托金后还剩3.75美元。这种谋生方式简直太艰难了，意识到这一点后，我更加同情做这行的人。我决定关掉软件，回家吃晚饭。

对于优步司机所面对的挑战，我仍充满好奇。于是在好奇心的驱使下，我又开了好几趟车。有一天，接了一位来自巴西一家软件公司的执行经理，他热衷于航海。把他送到机场后，我在那里接到一位来自达拉斯市的管理顾问，然后又把这个人送去市中心开会。我分别跟他俩讲了我开优步的初衷，他们似乎很感兴趣。当天我又接到一对母女，带着一个超大的手提箱，我帮她们把手提箱放到后备厢里。跟其他司机一样，我还激动地以为她俩要去机场，结果是我想多了，她们只是去一英里远的地方吃早餐。一天早晨，我接到一位衣着时尚美艳的年轻女郎，她的住处距我家两个街区远。她很有可能是一名投资银行家，因为她下车的市中区附近有很多投资银行。但我也不确定，因为她几乎一句话也没和我说，整路都在默默研究自己的 iPhone（这趟我赚了 6.08 美元）。

我努力想从这份临时的司机工作中找到哪怕一点点乐趣。一个夏天的清晨，我载着妻子和女儿到市中心，妻子要去工作，女儿要去日间夏令营。妻子坐在副驾驶座，我一打开优步软件，她的乘车请求就弹了出来（由于我是离她最近的空车司机，所以系统自带的算法自然就会锁定我）。一路上，这世上我最爱的两个女人都在吐槽我的驾驶技术——对此我已经习以为常了——但是到了打分的时候，我还是厚着脸皮恳求妻子给我五星好评（她照做了）。那次行程花了我妻子 9.71 美元，也就是说，我们为了这次试验掏给优步 2.43 美元。

我没法假装已经掌握了当优步司机的窍门儿，比如在涨价热度高的地方抢单，充分利用定期推出的激励机制，找出到达机场的最佳路线，远离那些最有可能让你的后座满是呕吐物的上车地点等等——学习这些技巧是需要时间的。此外，干这行需要载着陌生人行驶，让人多少有些压力，而且没人关注你，你还得为了别人的事儿忍受被堵在路上的状况，这一切都让我对我原来正式的工作备感珍惜。毫无疑问，优步工作时间灵活，这一点比较吸引人，但是干这行收入不高，抢单也困难，所以我还是很乐意继续从事我的新闻工作。

如果优步要找一位司机做代言人，放眼全世界，哈里·坎贝尔不太可能入选。这个30岁的洛杉矶本地人又高又瘦，毕业于圣莫妮卡高中，在加州大学圣地亚哥分校学习航空航天工程，20多岁的时候在两家飞机制造公司担任结构工程师，其中一家就是波音公司。他学以致用，舒服地拿着6位数的薪水，但他并不满意。“现在的这些工作，我虽说不上讨厌，但也并非特别热衷。”说这话时，我们正在曼哈顿海滩享用午餐，那个海滩是靠近洛杉矶国际机场的一个高档社区，距离坎贝尔在长滩的临时住所也不远。“每到周一去上班我总打不起精神。”

让坎贝尔兴奋的是他口中的副业（一种和零工经济有关的流行表达），之前也叫“第二职业”。坎贝尔着迷于个人理财，就是突然间拥有一大笔收入可随意支配，于是他在2012年建立了一个博客，专门面向他这样的人群。博客名为“个人理财专业版”，标签是“专为青年专业人士提供的财务咨询”。开了这个博客也算略有小成，给坎贝尔带来了很可观的收入。他每月不用投入太多精力就有几千美元入账。坎贝尔意识到，博客发表后能够直接打赏的方式他非常喜欢，跟过去古板的薪资待遇一比简直妙不可言。他说，“那种感觉就像是，天啊，我做到了，这是我创造的。那种感觉酷极了，很多人都想象不到这其中的美妙”。

接着，2014年，坎贝尔接触到了优步。他早就知道，他喜欢泡在个人兴趣里几个小时之后赚点外快，他认为优步也可以一试。他说："我脑袋里突然冒出个绝妙的好主意。"面对这个诱人的新奇想法，他不仅能付诸实践，还可以落笔写出来。"我注册了服务，只出去试了一晚上，感觉就像……嗯，这也没什么难的。但是其实还有很多预料之外的事。事情并不像在 A 地接到一个人，然后把他送到奥兰治县那么简单。"那段时间，司机们尚处在摸索诸多载客规则的阶段。坎贝尔回忆道："当时有很多疯狂的事，机场的单必须要接，可那一般不合法，甚至还可能被罚款。但是，优步就是让你这么做。"

换句话说，当时正是一个新兴产业初放异彩的时期，坎贝尔则扮演了淘金小镇的新闻记者的角色。他新建了一个博客——搭车人。不久，他头头是道又富有激情的声音成了独立司机的代表。文章开头坎贝尔描述了自己做司机的经历，着重写了在优步的经历，也写了 Lyft、DoorDash 等类似的叫车公司。这个行业既独特，又新鲜，很受坎贝尔喜爱，所以他相当看好这一领域。不过他的评论既公正又挑剔，而且这一趋势似乎越来越明显。他说："我会出去考察后再进行详述：我赚了多少钱，平均到每小时和每一单；一天里，车里有乘客的时间是多久，没乘客的时间是多久等。因为我是工程师出身，所以描述用的都是极其精细的电子表格。"坎贝尔变成了优步司机的拥护者，其中有很多人批评优步把司机视为冷冰冰的数字，而不是人。“我基本上都是客观地列出观点。这绝对是好事。但是，质疑声也此起彼伏。比如，你给优步发过电子邮件求助吗？他们根本不知道自己在干什么！”

博客原本只是为了写作而开，现在演变成一项业务，不断填补优步东零西碎的服务的漏洞。优步只在其软件上提供了一个粗略的教学视频，也就是我在开始驾驶前几分钟看的那个短片；而“搭车人”则推出了详细的综合视频教程，收费 97 美元。优步提供给司机关于汽车保险的信息少得可怜，坎贝尔则经营了一个网上商场，专为代理商提供服务。有些经营小本买卖的小贩想要接触司机，坎贝尔就向他们出售广告版面。他的客户中有比较成熟的公司，专为迎合自由职业者而设，如 Quick-Books Self-Employed——硅谷巨头直觉公司（Intuit）旗下的记账软件。而且，在坎贝尔的广告客户中，许多人在优步以及类似公司周围开发了新的经济圈，就像他的博客一样。例如，旧金山的 Stride Drive 为司机打造的应用程序，就可以记录里程，掌握医疗保健、洗车、停车和收费等花销信息。DailyPay 是纽约的一家初创公司，它会每天给司机发现金。

“搭车人”最稳定的收入来自优步、Lyft 及其他公司不断涌现的新司机。由于坎贝尔的博客是获取优步司机信息的首选途径，因此不论谁想了解优步，只需点开博客就好。由于业务量大增，坎贝尔越发忙碌，无法经常出车。尽管如此，由于他偶尔还是会出门载客，地位仍未动摇。这也让他能够收集所有此类公司提供给司机的奖金信息，给新手作为参照。坎贝尔说："我把我的代码上传到网站上，所以每当有人注册，或正在查找信息，他们就可以通过我的代码注册，我也会因此拿到一份奖金。"

对于坎贝尔来说，没有什么内容是神秘的。为了从优步及其同行那里赚到钱，他会从各个角度进行详细分析。他还给读者提建议：什么时候该接单，接什么样的单。

在他的帮助下，汽车维修、保险、税务准备等恼人的话题也一一得到解释。他还担任投诉热线的接线员：和优步不同，收到的每一封电子邮件他都会回复，这使他身处一个绝佳的位置，既能了解在优步工作的细节，又能随时跳脱出这个环境。事实上，坎贝尔估算了一下，这三年来通过电子邮件、社交媒体和面谈的方式，他前前后后与3万多名司机直接交流过。

优步一直很关注坎贝尔。坎贝尔说："他们非常关心我的动向，我已经和他们见过面了。上次去旧金山，我见到了他们，并尽我所能帮他们了解司机的所想所需。"进一趟优步总部往往会带来很大的启发。"一迈进总部大楼，不难发现，公司确实安排了不少员工负责司机福利的相关事宜。可在你开车时，双眼盯着应用程序，却往往想不到这些层面。所以，双面获取信息于我而言十分重要。虽然我开设网站的初衷是为了司机，但我当然也想知道优步对我所抱怨的这一切会做何回应。”事实证明，优步对这些问题感兴趣的程度丝毫不亚于坎贝尔。“他们总是跟我说，‘嘿，我们真想知道该从哪儿着手改变’。了解过后，他们真的会跳出常规，做出改变，尤其在做出的改变更能体现优步的服务宗旨的时候。”坎贝尔介绍新司机来优步工作，优步会给他一笔钱，但除此之外再无其他。事实上，他完全是在给优步义务劳动。回想起自己在旧金山造访优步，坎贝尔说：“我认为他们花的钱一点都不亏，因为我为他们介绍了 19 个不同的人。”

由于坎贝尔对司机的想法了如指掌，针对一切涉及优步的重要辩论，他都有自己独到的观点。2016 年，旧金山的一名联邦法官驳回了优步和 Lyft 与各自司机在加利福尼亚州和马萨诸塞州签署的协议，协议中要求优步拿出 1 亿美元做抵押以确认司机作为独立承包商的资格。这个问题的解决对优步来说是一次胜利，公司不愿让司机以雇员的身份领取工资。（作为雇员是有权利伸手讨福利的，且能享受最低工资的保护。）坎贝尔却看到了这次争端的两面性。他说：“显然，一个真正的独立承包商，若是事先知道会赔钱，绝不会接下这份工作。”他指出，在优步现行的规章制度之下，司机如果不想损失可能拿到的奖金，或者不想被软件给“暂时停业”，那么就必须接单。“优步借此获益颇丰。如果你身处偏僻之地，要想打车，可能要比身在市中心的人花费更多，对吧？我的意思是，这就像是简单的自由市场经济学。但是，有了优步，司机必须去那儿接你，这就为乘客提供了完美的服务。所以这算不上真正的独立承包商模式。我也很现实，也知道如果司机可以筛选乘客，这个平台就没法运行。到那时，优步也就跟出租车没差别了。但我觉得司机也该有一些发言权。”

随着时间的推移，优步已经降低了要价，也减少了支付给司机的委托金。公司据理力争，称正是由于叫车系统服务高效，司机的总体薪酬才没有下降。（优步认为，工作忙的司机和更为清闲却收费高的司机赚的钱应该一样多。）坎贝尔却不这么想。他说：“在那些给我发电子邮件的司机中，还没有任何一个司机说，‘哥们儿，虽然接送价格下降了，但我却赚得更多了’。”在他看来，优步惯于选择那些与公司宣传相符的统计数字。“过去他们会说，‘嘿，我们在纽约的司机每年赚 9 万美元。这可比那些出租车公司的司机赚得多。’但是优步并没有考虑支出，出租车公司则要将其计算在内。所以这两者不能混为一谈。”

坎贝尔和优步的矛盾主要在于公司对待司机的态度：虽然用公司的话说司机才是“客户”，但公司仍把乘客置于首位。坎贝尔对司机的关注有效扭转了时下针对优步的一面倒的舆论，无论对业务增长、筹资活动还是监管战场都有很大意义。“搭车人”越发壮大起来，坎贝尔甚至有了写手为自己工作，其中一位就是约翰·伊内斯。2016年，卡兰尼克接受《名利场》杂志编辑格雷顿·卡特的现场采访之后，这个人就曾写过一篇评论性文章。伊内斯写道：“整场采访可以反映出不少信息，倒不是因为卡兰尼克说了什么话，而是因为他从头至尾的无礼态度。他对司机的不满置之不理，尽管这才是最该处理的核心问题。整场采访，对于安全问题他只字未提，也没有意识到大多数司机目前处境困难，更不理解司机打拼有多辛苦、挫败感有多深。相反，他全是泛泛而谈。他只能这样做，因为这些问题很合乎他那伙人的口味。当然，那伙人包括投资者、分析师、律师和媒体代表，正是这群人聚在一起，通力协作，才把优步打造成近10年间最富传奇色彩的企业之一。”

和优步司机交谈时，你永远得不到两个一模一样的版本。倒是随着交流对象的增多，听到的版本也会不断升级。司机都喜欢工作时间灵活，但如果想实现自己的赚钱目标，那工作时间必然短不了。随着工作时长增加，收入反而下降。优步的客户服务质量也不高，乘客也很少给小费。优步的司机当中，除了那些真正把这份工作当兼职的人，或者那些想找点儿乐子、赚点零用钱的人，大多和我看法一致：想靠优步谋生实在是太不容易了。

所有司机都有自己的一套办法。奥马哈的签约摄影师托德·斯诺弗每周开车时间近10个小时，负责接送内布拉斯加大学林肯分校的球迷。行程远至林肯市，距离80号州际公路50英里。斯诺弗在决定是否开车时有严苛的考量。“非高峰时段我不出车。”早在2015年，斯诺弗就开始驾驶共享轿车，曾为Lyft工作，也一路见证了优步价格不断走低的过程。他说，起先每英里约赚1.50美元，后来降到1.20美元，又跌至90美分——这便是他只在价高时出车的原因。另一方面，斯诺弗已经能够娴熟地利用优步和Lyft福利政策，而这本是两家公司借以积累客户人数的奖励机制。通过让妻子注册这两个服务，他赚了500美元。算上基础工资，两人才刚上路，就靠优步和Lyft攒下了1400美元。

许多优步司机也经历了从兴奋到失望再到辞职的过程，这个结局几乎是可以预见的。比内厄姆·特斯法耶曾在华盛顿特区任计程车司机，于2016年加入优步司机的行列。当时一周能赚1200美元，他很满意。在弗吉尼亚州里士满开出租那几周，业务量达到顶峰，差不多也能赚到这个数。可在那之后，出租业务就被拼车顶替了。特斯法耶说，为优步开车比开出租车还难。以前，他可以在出租车停车站等待乘客，这样一来不仅有时间休息，还能与其他司机闲聊。现在，为了完成里程数，车一刻也不能停，工作时间也在不断增加。他说：“连轴转开车不论对汽车本身还是对个人健康都危害颇大。”同许多人一样，他也抱怨，哪怕自己的车完全是自己负责保养维护，但仍需付给优步25%的委托金。他说：“如今司机工作时间越来越长，挣的却越来越少，但优步却越做越大。”

由于优步的主导地位不可撼动，它能为司机提供最多的工作机会。客户越多，随之而来的订单也就越多，赚钱的可能也就更大。但是，在完善客户服务方面，优步却似乎非常无能，至少在那些想借其谋生的司机看来，这点并不尽如人意。生活在圣迭戈附近的退休海军官员马克·莱万索克认为，自己过去的军旅经历让他在吸引乘客方面很有优势，因为这一片地区有大量的现役人员和老兵。优步软件里，确实允许莱万索克这样的老兵将自己认证为退伍军人，但乘客却看不到他的军徽。他已经给优步客服发了无数封电子邮件。他说：“他们告诉我这个问题已经解决了，可是，那得我说解决了才算真正解决了。”不过，他倒也没停止接单。他承认，优步在某种程度上让他回忆起之前的军旅生涯，他调侃道：“昔日的操练军官，如今的导航仪。”

Wild

10

布局无人驾驶

优步团队在匹兹堡的卡内基梅隆大学发掘到几个研究人员，他们还创立了卡内基机器人公司。优步悄悄买下这家公司，并把它作为无人驾驶汽车研究的核心地带。

Ride

及时了解可能打破舒适现状的因素，是所有商业领袖最重要的任务之一。商业企业面临的威胁，可能来自新的竞争对手，也可能来自它们尚未涉足的新的市场领域。消费者变幻莫测的态度与行为一旦转变，造成的影响可能是毁灭性的。这其中任何一个因素都有可能摧毁现行的企业或行业。但是，要论给现有行业带来颠覆性突破，没有哪个因素所起的作用能与科技匹敌。创新让所有产业落伍，这种情况从一个历久弥新的隐喻中看得最清楚了：内燃机彻底取代马车行业，这个故事为所有的商业模式都敲响了警钟，如果人们对某个行业的需求消失了，这个行业就危险了。

自然，优步很快就威胁到出租车行业，后者现在的处境无异于当初的马车行业。优步这个初创公司，借用技术领域的另一个老套说法，是造了一个更好的“捕鼠器”，这个捕鼠器依赖的其中一个关键功能是机器提供的，而非人。优步建立了更加高效的约车系统，即嵌入智能手机、取代了无线调度员的 GPS 定位系统。此外，还建立了一种更高效的商业模式。毕竟，优步从来没有投资过一分钱组建自己的车队。在这个人类发挥着关键作用的接送服务行业，优步却几乎不需要管理其自愿加入的司机团队。

2013 年夏天，卡兰尼克的业务刚刚蓬勃发展了三年，便要面对优步潜在的颠覆性力量：无人驾驶汽车。这种发展很有可能改变形势，让优步至今仍有赖于人的那部分领域也彻底消失。无人驾驶汽车利用了先进的传感器及人工智能，让车能“看到”所有本该由司机处理的路障和路标。从理论上说，无人驾驶汽车安全性更高，因为机器人在开车时既不会打瞌睡，也不会分心。虽然这个想法有些超前，但无人驾驶技术已有大量先例。在航空领域，自动驾驶仪已经用了数十年，而且对于大幅降低飞行事故率起着关键作用。当然，用机器人还有一个好处，那就是比人工驾驶更划算。优步每赚 1 美元，就要付给司机 75 美分。这群不受管教的司机常常怨声载道，车开到一半还经常停下来，要么吃东西，要么满足自己其他的生理需求，偶尔还会与乘客发生冲突。如果优步能消除人力劳动带来的麻烦，那么公司的业务会更上一层楼。

然而，部署机器给优步带来的却不单单是节约成本的契机。鉴于公司在全球范围的业务都建立在人类驾驶员上，无人驾驶汽车的存在可能会构成潜在的威胁。如果其他公司抢先研发出该技术，之后，该公司无论是自己提供服务与优步竞争，还是以极低的价格出售该项技术，都可能让优步陷入之前出租车行业曾面临的窘境。在2013年，这一切看起来还是有些古怪和超前。不过，能够研发类似的出租车服务并进而能与优步抗衡的公司，的确正在研发无人驾驶汽车——该公司也许是一时兴起。这个拥有海量资源的技术巨头，已经研发出具备世界最高水准的数字街景地图系统。这家公司就是谷歌，而且当时马上就要对优步投入大笔资金。

然而，对于无人驾驶汽车来说，这些还都是早期的发展历程。无人驾驶汽车概念还主要停留在大学工程系的机器人实验室当中。卡兰尼克第一次感受谷歌的无人驾驶技术时，内心的触动简直不是一星半点。为了提前做好与谷歌首席执行官拉里·佩奇会谈的准备，卡兰尼克受邀乘坐谷歌的无人驾驶汽车，绕着加州山景城转了几圈。这个项目已经成为向来访贵宾展示的主打招牌，就像去中国就要去长城、去影视城就要在空荡的片场大街上闲逛一样。你要是足够大腕儿，也能受邀体验谷歌的无人驾驶汽车。然而，想打动卡兰尼克，这点小花招还不够。尽管谷歌对自己的技术不吝溢美之词，可实际情况却让卡兰尼克略微有些失望。他回忆起那次经历，说道："那个车不怎么管用，它有时候能按照预期方式行驶，有时候却不行。说白了还是不够成熟。"

谷歌略有缺憾的表现让卡兰尼克——这位苛刻的评论家，也是细心研究科技发展史的人——回想起自己早年见识过的另一次突破性发展。10年前，他受邀参加一场技术行业贸易展览，展会上有一个座谈小组，探讨有关语音识别软件的技术。他说："在参加展览之前，我做足了关于语音识别的功课。一踏入交易所，所有我遇到的人也好，公司也罢，都在研究语音识别技术，就仿佛这个领域前景一片大好似的。但是距离应用语音识别技术的黄金时期还遥不可及（当时是2000年）。这就是在2013年发展无人驾驶汽车带给我的感觉——还为时过早。"他说自己脑袋里还没动过一根弦，认为谷歌的技术会给优步造成什么影响。"我确实感觉这很有趣，很炫酷。"卡兰尼克如是评价道，但也仅此而已。他又补充道："不过，现如今一切都发展得更快了。"

事实上，谷歌体验加解说式的会议确实给卡兰尼克留下了深刻印象，他甚至开始和朋友、同事谈及这项技术在未来快速发展的可能性。卡兰尼克的一个朋友起到了关键作用，让他认识到，需要严肃看待无人驾驶汽车的问题。这个人就是塞巴斯蒂安·特隆，德国机器人专家，正是他开启了谷歌在无人驾驶领域的研究工作。卡内基梅隆大学是机器学习和人工智能技术领域的多项尖端研究的摇篮，特隆曾在那里担任教授，研究机器人技术；当时五角大楼的一个研究部门发起一个比赛项目，用以激励研发无人驾驶汽车。美国国防部高级研究计划局（DARPA）挑战赛就是在该局的呼吁下发起的，旨在鼓励学者帮助美军提升战斗力，免得让士兵总是身处险境。2005 年，在第一、三届挑战赛之间，特隆辞掉了位于匹兹堡的卡内基梅隆大学的职位，选择去往位于硅谷心脏地带、阳光明媚的斯坦福大学工作。他的研究团队击败了卡内基梅隆大学，赢得了挑战赛，后者则位居第二。

谷歌的创始人之前自己就是计算机科学家，只不过没有发多少论文，还是硅谷技术专家小圈子当中的成员，他们很喜欢这样的比赛。比如 XPRIZE[①] 比赛，他们为了参赛还依靠私人资助建造了一个航天器。（拉里·佩奇后来加入了 XPRIZE 基金董事会。）他们还了解自己领域相关技术的发展历史：美国国防部高级研究计划局的上级美国国防部（ARPA）赞助了开发互联网的研究，正是这次研究为他们日后的好运奠定了基础。不用多说，创始人

① XPRIZE 基金会：成立于 1995 年，该组织在学习、探索、能源与环境、全球发展和生命科学五大领域组织大规模、高知名度的大奖赛，是一家致力于解决全球面临的大挑战的重要组织。——译者注

自然非常注重科技突破奖，这样既能吸引计算机科学部门的人才（他们一直从该部门招贤纳士），又能让赞助比赛的政府机构持续出资。

举办 DARPA 挑战赛几年后，拉里·佩奇和谢尔盖·布林决定开发无人驾驶汽车。虽然这跟谷歌的问答平台没有任何关系，但两人全然不理。他们想研发的其实是可与登月媲美的技术。2010 年，谷歌说服特隆离开斯坦福大学，来帮忙创立一个内部研究部门——Google X。该部门的团队将研发多项技术，比如抗衰老药物，以及能够依附于眼镜和隐形眼镜上的计算机等。团队研究的第一个项目就是无人驾驶汽车。

在特隆的帮助下，团队开发出街景软件（Street View），并由谷歌工程师把车开到城市的街道上，记录下所有路况，从路牌到障碍物的位置，无一遗漏。谷歌还收购了小公司"510 系统"，该公司由工程师安东尼·莱万多斯基创立，专门研发无人驾驶技术。

谷歌刚好诠释了何为经典的臭鼬工厂[1]项目：看似很傻，但

---

① 臭鼬工厂（Skunk Works）：一个不受正常规则约束、独立开发项目产品、以研发关键性突破技术为主旨的创新中心。臭鼬工作项目组通常能够在有限的时间和有限的资源下，突破技术上的限制，推出极为令人惊讶的产品。——译者注

谷歌抛出的这项科学实验却能够与公众建立正向关系。

然而，在2013年，特隆退出了无人驾驶汽车的研发，离开谷歌并开始了另一场完全不同的冒险——去在线教育公司优达学城（Udacity）工作。他承诺继续在谷歌担任两年公司顾问，这样一来就有效地避免了同其他无人驾驶汽车公司合作。与此同时，特隆和卡兰尼克还在工作之余碰面，两人经常谈论无人驾驶汽车。特隆说："特拉维斯开始不停地向我发问，他特别担心无人驾驶出租车会给优步造成威胁。我越来越觉得，他这个人很偏执。"

卡兰尼克的偏执是有道理的。虽然有个别汽车公司正在尝试将无人驾驶仪功能配备到普通私家车上，但谷歌却认为，要想大幅降低交通事故的发生率，只有彻底停用方向盘才能实现（在紧急情况下，人类的操作会让无人驾驶具备的安全性功亏一篑）。不同于其他公司，谷歌并没有特意掩饰公司的研究内容。2014年中期，谷歌发布了一段有关无人驾驶研究的视频，明确说明了尽管其投资队伍已经在优步投入2.5亿多美元，一位高管甚至还加入优步的董事会，但谷歌已经下定决心与优步合作了。谷歌表示，公司的无人驾驶汽车的用途之一体现在智能手机软件上，既能召唤无人出租车，还能给车导航。此时，卡兰尼克也在用心关注这一技术。

卡兰尼克委托进行产品开发的经理杰夫·霍尔顿，是他在无人驾驶技术方面的联络人。霍尔顿是一位虚拟计算机科学家，他的脸总让人想起动画人物“胡迪·都迪”（Howdy Doody）和机关枪般的讲话风格，他还是科技界罕见的人才。他在亚马逊创始人杰夫·贝佐斯麾下开始了职业生涯。霍尔顿在伊利诺伊大学学习计算机科学，毕业后没去硅谷，而是投身华尔街。他曾在德劭基金（D. E. Shaw）工作——这是一家专门研究计算机辅助交易策略的对冲基金公司。当时他的老板是普林斯顿的电脑奇才贝佐斯，只比霍尔顿大几岁。

贝佐斯离开德劭基金后创办亚马逊，霍尔顿拖了两年才辞职追随他，而当时贝佐斯已承诺不再从原公司内部人员中招聘。

霍尔顿后来在亚马逊做了两件事情，为加入优步奠定了基础。首先，他为亚马逊的供应链打造了“优化”系统，这个庞大复杂的系统是由计算机驱动的网络体系，能把产品从仓库货架上派送到消费者手中。接下来，他又接管亚马逊的消费者应用程序（保障顾客能够在亚马逊购物的一切技术），包括网站搜索、个性化推送以及大批量同步的购物车等。霍尔顿在2006年离开亚马逊，并于2011年创办了购物网站，后被在线商业公司高朋（Groupon）收购。这家芝加哥公司当时的市值曾短时间超过了300亿美元，谷歌对其提出收购时，公司没有太大意向出售。但卡兰尼克打来电话之时，高朋的情况已一落千丈。

2014 年初的寒冬，卡兰尼克拜访了身在芝加哥的霍尔顿，当时他还没加入优步。这一次，卡兰尼克又没考虑天气因素，忘记了去中西部旅行时应该带上大衣。霍尔顿回忆道：“我们想出去吃晚饭，我告诉他，‘你穿成这样出去可不行，还没走到餐馆就冻死了’。所以我给了他一件外套。这实在是卡兰尼克典型的做事派头。”进入温暖的室内，两人立即开始探讨霍尔顿的产品创意。霍尔顿说：“我为优步列出创意清单，上面列有 74 个点子，所以当时我们要把它们从头过一遍。”“当说到无人驾驶汽车时，我说，‘等一下，我倒有个不错的想法’。”霍尔顿说，尽管卡兰尼克之前并没有深入思考无人驾驶汽车的问题，但他也明白这一趋势是必然的。“我们当然希望参与其中，因为无论参与与否，无人驾驶汽车的出现将是必然趋势。”卡兰尼克如是告诉霍尔顿，但是后者立即就反驳他未来的老板。“我说：‘我完全同意你的意见。问题在于，无人驾驶汽车在历史上也算是颠覆性浪潮。’”这点让卡兰尼克吃了一惊。毕竟，在前一年的夏天访问谷歌后，他对无人驾驶毫无兴趣。霍尔顿说卡兰尼克认为发展无人驾驶汽车应该是 10~15 年以后的事情。“我告诉他，无人驾驶汽车的发展会比人们想象得快，而且会成为专有技术。”

不过，关于无人驾驶汽车成为专有技术的说法听起来很刺耳。霍尔顿认为，“无人驾驶汽车绝不会演变成开放的系统，让任何人都可以享用如此梦幻的技术”。他告诉卡兰尼克，只要拥有消费群体、资本，以及恰到好处的技术，谁都有可能变成未来的优步。霍尔顿还没有开始工作，就做了一个可怕的预测。霍尔顿说：“对方完全可能把我们架空，用无人驾驶的优步版本彻底取代现行版本。”

霍尔顿于2014年2月加入优步，与工程师马特·斯威尼并肩作战。两人先是花了半年的时间搜寻世界各地研究机器人的天才。他们关注了DARPA举办的另一场比赛——DARPA城市挑战赛，观察参赛的队伍，尽可能多地接触到选手。麻省理工、牛津大学和卡内基梅隆大学等三个学术中心成了完美的狩猎场，他们就在那里搜寻研究机器人领域并愿意投身于无人驾驶汽车研究的人才。最后一处正是塞巴斯蒂安·特隆开启自己研究生涯的地方。

优步团队在匹兹堡的卡内基–梅隆大学发掘到几个研究人员，他们还创立了“卡内基机器人”公司。优步悄悄买下这家公司，并把它作为无人驾驶汽车研究的核心。优步早期位于匹兹堡的这些员工紧接着又联系了大批国家机器人工程中心的研究人员，该研究中心也是卡内基梅隆机器人研究所的一部分。据悉，从2014年12月开始，优步一下子从国家机器人工程中心雇用了60

名研究人员。霍尔顿说："我们当时都坚信，优步很有可能引领新潮流，把无人驾驶技术推向世界。"

整个卡内基–梅隆大学都为之震惊，该校的一个关键附属机构近乎被优步"洗劫一空"，它不分青红皂白地掠夺里面的工程师，而且只针对有自动化经验的工程师。随着消息的传出，优步和卡内基梅隆大学达成协议，同意进行"损害控制"。优步提出赠予卡内基–梅隆大学价值550万美元的厚礼，双方发表声明结成"战略伙伴"。除了给教师职位提供资助之外，"战略伙伴"的意义无非就在于承认优步利用了卡内基–梅隆大学的人才建造了自己的无人驾驶汽车研究中心。优步已经得其所想，并且花费的代价极低。而卡内基–梅隆大学的损失，却成了匹兹堡的所得。优步让研究人员继续留在匹兹堡，并把那儿作为无人驾驶汽车项目的中心。

2015—2016年，优步在匹兹堡的部门暗自搞起了小动作，希望赶上谷歌以及其他科技公司，其中就包括特斯拉汽车公司，该公司在电动汽车中引入了辅助驾驶技术。2016年8月，优步宣布其无人驾驶汽车已准备好在匹兹堡进行部分公开展示，并邀请媒体参加演示会。这些汽车尚未实现真正意义上的无人驾驶，仍然需要人来监督。每个方向盘后都有一个优步工程师，以免发生意外。优步首次将无人驾驶出租车应用到商业领域，虽然公司因此占据了全球大报纸的头条，但科学界对此仍持怀疑态度。国家机器人工程中心主任赫尔曼对线上频道“主板”（Motherboard）说：“在我看来，优步之所以发布有关无人驾驶出租车的新闻，有一部分原因是出于营销策略，很难说它的技术已经过关。因为这家公司还需要安排工程师在车里监督驾驶。所以从技术层面来说，无人驾驶汽车还不成熟。但基于非技术层面的原因，是时候开始讨论这项技术了。”

比起当年处理“禁止令”，现在的优步在同地方政府官员沟通方面确实长进了不少。优步的无人驾驶汽车首次在匹兹堡街头试运行后，市长比尔·佩杜托告诉《华盛顿邮报》，卡兰尼克曾和他私下谈话，还说到卡兰尼克将优步的“匹兹堡计划”比作“二战”时制造原子弹的曼哈顿计划。这位政治家抛出了一个让人不安的话题，即无人驾驶汽车或将影响以开车为生计的人。市长跟《华盛顿邮报》的记者说：“那晚我和他共进晚餐，我问他，‘你知道很多人都在担心无人驾驶汽车这个事儿吗？街上开车时，一旁同行的车里却没有人驾驶。大家对此都很焦虑’。”卡兰尼克和他的两位工程师则岔开了话题。“他们又说，人们真正该担心的是基因工程这种问题，比如篡改DNA这种问题。之后他又谈到韩国的一次克隆动物的实验。”佩杜托后来对优步很失望，他在2017年初接受《匹兹堡邮报》采访时说，优步没有履行对匹兹堡做的承诺。他说："我希望看到的是，不论从本地出发，还是就全球范围而言，优步能给我们带来更多切实的利益。"

匹兹堡却不是唯一一个卡兰尼克搜寻人才的地方。早在2016年夏天前，他曾在旧金山与谷歌前工程师安东尼·莱万多斯基漫步长谈，这个人的公司被谷歌收入囊中，并入无人驾驶汽车项目。莱万多斯基于2016年离开谷歌，并建立了Otto公司，一家致力于将无人驾驶技术应用于长途卡车运输的神秘公司。卡兰尼克描述了自己与莱万多斯基散步的经历——两人步行几英里前往旧金山市场，绕着著名的内河码头（Embarcadero）一路走到金门大桥，一路上讨论了自动化背后的科学技术。2016年8月，优步宣布收购Otto，出价是优步市值的1%（6.8亿美元）外加未来业务利润的20%。莱万多斯基将接手优步所有无人驾驶汽车项目。

收购时诱人的附加筹码后来令卡兰尼克十分焦虑。2017年初，谷歌旗下的无人驾驶汽车项目更名为Waymo，向莱万多斯基和优步提起诉讼。他们称莱万多斯基在离开公司之前下载了数千个谷歌内部的技术文件。优步则回应Waymo的说法毫无根据。

与此同时，到处都弥漫着竞争的硝烟。优步已与沃尔沃签署协议，把优步的无人驾驶技术应用到瑞典制造商沃尔沃的汽车上。其他汽车制造商也注意到了这一点。通用汽车公司在2016

年买下了 Lyft 的大部分股权，接着又花 10 亿美元收购了仅成立两年的无人驾驶汽车软件公司 Cruise Automation。有了通用汽车这笔投资，Lyft 便得以继续与优步在打车市场上竞争。通过这笔投资，通用汽车也培养了一个内在的合作伙伴，这样一来公司就可以利用无人驾驶技术做实验。谷歌在旧金山湾区进行了一项测试，依靠 Waze 地图软件，让司机联系叫车的乘客。谷歌进行这一测试意不在赚钱，因为乘客只需给司机补贴油钱。恰恰相反，谷歌是在试验一种商业模式，该模式可以提高安卓的利用价值，并为公司最终实现无人驾驶出租铺平道路。

优步最大的威胁是特斯拉及其创始人埃隆·马斯克，至少在竞争意识超强的卡兰尼克看来是如此。

特斯拉在其电动汽车中开发了一项备受争议的功能——自动驾驶（Autopilot）——司机在高速公路行驶时双手可以离开方向盘。[①] 有传言说，马斯克垂涎的不仅仅是无人驾驶汽车市场。马斯克一直以来都希望能生产不依赖化石燃料的产品，于是创立了太阳能电池板公司——太阳城公司（Solar City），该公司于 2016 年年底与特斯拉合并。有人猜测，特斯拉的创始人可能也开发自己的拼车服务。

---

① 2016 年，因车主使用特斯拉的无人驾驶技术出现两起交通事故，该公司将其中国官网上的“无人驾驶”这一名词换成了“辅助系统”。

卡兰尼克也听到过这个传言。公众曾经普遍认为苹果公司要开发电动汽车。后来，苹果投资了10亿美元给优步在中国的竞争对手滴滴出行，这时，卡兰尼克给马斯克打电话，建议双方共谋合作。“我说，‘听我的，老兄，咱们应该合作。’”卡兰尼克说着，并让马斯克相信苹果对特斯拉构成的威胁比对优步的威胁更大。可是据卡兰尼克所说，马斯克并不看好无人驾驶汽车的拼车服务，甚至压根就不看好无人汽车。“埃隆却在电话里回绝我，试图说服我无人驾驶这个想法太遥不可及了，而且不切实际，我应该专注于公司所长，否则恐怕会搞砸一切。也就是那个时候，我意识到特斯拉也在与我们竞争。”

马斯克对卡兰尼克没有坦诚相待，这可不单单是卡兰尼克的预感。据卡兰尼克所说，就在他同马斯克通话时，优步的杰夫·霍尔顿也在和特斯拉的技术主管交流，该主管称开发无人驾驶是当下的头号任务。事实上，没过几天，马斯克就在网上发布了特斯拉“十年规划”，准确地规划了公司将如何取代优步。马斯克在计划书中透露，公司想让顾客利用智能手机应用程序共享自己的汽车。公司还计划设计太阳能屋顶，研发能源转换技术，提高特斯拉的产能。“你也可以通过点击特斯拉的手机应用程序上的按钮，把车添加到特斯拉共享车队中。这样，在你上班或度假期间就会有额外收入，不仅可以抵消每月的车贷或租赁费用，甚至还可能有富余。”马斯克写道。接着，马斯克又向优步发出警告，引得卡兰尼克一阵紧张：“在汽车供不应求的城市，特斯拉将运营自己的车队，确保你无论身在何处，随时都可以打到车。”

优步确实已经抢占先机，在美国和全球许多城市占据了巨大的市场份额，遥遥领先。然而，随着通用汽车、谷歌、特斯拉等企业开始蠢蠢欲动，优步抢占的先机只是徒增其他公司的竞争欲望。不过，优步依然在推行惊人的变革。2017 年初，公司与德国汽车制造商戴姆勒达成了非排他性协议，把戴姆勒的无人驾驶汽车纳入优步服务平台。戴姆勒在制造汽车上很有经验，却没有任何机制来切入乘车服务市场。因此，双方合作开启了优步无人驾驶战略的新篇章。一方面，优步正在与沃尔沃合作，帮助该公司用优步技术研发汽车。这也让优步可以向其他汽车制造商出售该软件，这一策略与当初的谷歌如出一辙。另一方面，公司与戴姆勒的合作则专注于开发优步的全球驾驶员—乘客网络。而对于其他想自己开发无人驾驶汽车却没有客源的公司，该网络也是很有价值的。优步似乎在两面下注，这倒像是一个大公司的战术——如果存在所谓大公司战术的话。

Wild

11

“最合适的选择”

2016年5月，滴滴和优步之间的竞争进入白热化阶段，滴滴甚至拿到了苹果公司10亿美元的投资。这个智能手机兼电脑制造商在中国业务规模巨大，因而有充足的理由想要在中国交到朋友。

Ride

2016年夏天，优步中国区的领导人齐聚杭州悦榕庄。杭州是个沿海城市，距上海不远，人口约有1000万。与会的共有18位总经理，每位经理负责中国的一座城市或一个地区。他们的衣着时尚又随性，男士大多身穿时髦牛仔裤，女士则大多穿着有质感的休闲裤或是裙子。与会经理大多30多岁，上下相差不到10岁，每个人脱口而出都是流利的英语。换言之，这些优步中国的高管若在旧金山的优步总部工作，完全不会显得跟周围的环境不协调，事实上，此前为了优步市场定位的工作，每个人都去过那里。

他们要和优步这位典型的加州范的首席执行官共同参加一场重大会议。会议在位于郊区的五星级酒店的封闭会议室里举行，持续了两个小时，中国区的总经理们与卡兰尼克还进行了快问快答。优步所面临的最棘手、最引人瞩目的市场问题在此被提到议事日程上。会议期间，把四张桌子排成正方形，这样与会人员就可以面对面交流。卡兰尼克坐在离门最远的两张桌子的拐角处，他要求与会者按围坐的顺序自我介绍，说一说自己的名字、所在城市和加入优步的时间。大家介绍完后，轮到卡兰尼克发言了，他转向众人说道："嗨，我是特拉维斯。优步是我一手搞起来的。现在我准备好回答问题了。"

当时，优步开辟中国市场已将近三年。尽管业务不断增长，但仍然像个资金的无底洞。优步深陷同中国本土企业滴滴打车的竞争中，在中国市场每年亏损约 10 亿美元。总部位于旧金山的优步决定将优步中国设为独立部门，总部设在北京。这也是优步针对世界第二大经济体特设的公司治理策略。这么做是有原因的。谷歌、脸谱网和易贝等硅谷公司纷纷在中国碰壁，这一个个鲜明又令人痛心的例子，优步再清楚不过了。因此，公司希望优步中国不仅仅是一个子公司，更像是前哨站。无论优步多么费尽心力，也改变不了中国市场竞争残酷的事实。公司不希望在这里蒙受损失，也不愿看到刚在美国及世界各国赢利有所起色的优步被拖下水。虽然优步是优步中国的第一大股东，即优步中国间接为公司的投资者所有，但中国区的公司有独立的投资者，其中包括中国本土的投资人。

中国的高管并不畏惧卡兰尼克，毕竟，他们之所以能够受聘，部分原因在于他们坚韧不拔，并且愿意站出来对抗权威。他们很快就提出了一连串的问题——所有这些都是在试探卡兰尼克对中国做出的承诺。中国区的高管们想知道，优步中国什么时候能有自己的工程师团队，从而不再依赖于旧金山总部进行软件修复？优步中国的地图产品质量什么时候能够得到改善？优步打算何时把优步同行（UberCommute）服务从西部大都市成都扩展到中国其他地区？除此之外，优步什么时候才能在中国市场推广在美国已很成功的送餐业务 UberEats？不过，他们最关注的仍是优步和滴滴的公开竞争。例如，为什么卡兰尼克如此反对优步中国也开发针对出租车司机的叫车软件呢？毕竟滴滴公司的业务全仰仗于此。

众人提出的问题富有深度又不留情面，这倒是一件好事，由此不仅可以了解到这个充满活力的初创企业在发展初期面临的困难，又不难看出，当地有能力的管理者也不惮于质疑远道而来的老板。同时，经理们提出的话题也揭露出，优步与滴滴的竞争已然陷入胶着状态。高管的焦虑也证实了令人不安的现状：法律上，优步中国是一个独立的中国实体企业，但卡兰尼克仍在旧金山那边遥控公司业务。事实上，由于无法找到合适人选，卡兰尼克一直亲自担任优步中国的首席执行官——在距中国 6000 英里、时差 15 小时的旧金山指挥着优步中国。

卡兰尼克表现得像是个老手，而不是毫无经验的新秀，他回答每一个问题都带着懒洋洋的情绪，仿佛这些问题都司空见惯了。优步中国的安全性漏洞非常多，虽然他也想解决安全性的问题，但不能让当地的工程师参与进来。他说："早晚有一天，北京的工程师会和旧金山一样多，并且他们不会只为优步中国工作。"他保证，地图绘制是工作的重中之重，这样优步司机才能够更准确地找到乘客的位置。跟优步在美国市场面对的压力一样，中国市场的相关规则也不太好对付，但是不必过分担心。到目前为止，优步业务的增长并没有受到严重的阻碍。（例如，2014 年上海市政府规定，高峰时段拼车是违法的，优步因此丧失了大部分的服务供应，即司机；而在接下来的一周里，由于该项规定并没有得到具体执行，司机们又都回来了。）关于优步同行，他这样解释，"我们想先在成都把它做到最好，然后再推广到全中国"。如此一来，仅在一个城市进行试点，就可以避免滴滴过度阻挠。而对于送餐服务，卡兰尼克简单表示，中国市场方面的准备尚不充足。本周早些时候的一次会议上，对于在中国开展送餐服务这件事，他明确表示自己志不在此，话里不失调侃。他说："在中国，我有一个黄金法则，那就是绝不在同一类生意上赔本两次。"

在出租车司机究竟是否该与乘客有联系的问题上，尽管滴滴的业务就是基于二者的联系，但是卡兰尼克仍坚持自己的想法。他给中国团队的解释表明了他对此事的态度，也阐述了早期在世界各地的工作经历如何塑成了他现在的世界观，更重要的是，描述了优步在中国正面临的严峻挑战。

其实，卡兰尼克一开始就不喜欢出租车业务，因此优步的一切都与之相异。在他看来，僵化的出租车行业主要有两大祸因：轿车供应量小，价格高昂。他问大家：“什么样的消费者会喜欢质次价高的产品？我反正是没听说过。”单纯让司机与乘客产生联系，这对优步并没有什么好处，旧金山的优步就提供这种服务，他深知这其中的艰难。他说：“在旧金山，优步每周的出行量是1万次。”而UberX和Uber-Pool的出行量则达到了150万次。换句话说，消费者通过选择表明了立场。即使公司的高管反复回到这个话题，他仍坚持说：“我们是不会参与这项业务的。如果你刚入汽车服务这一行，好，没关系，你可以问这些问题。我做这一行已经有6年了。我们需要做的是改进乘车体验，不是再续出租车业务。”

与其说高管发问时影射的是出租车行业，倒不如说他们是在暗指滴滴——这个比优步中国大很多倍的企业。滴滴打车在全中国400多个城市运营，盈利约70亿美元；而优步中国仅在60个城市里运营，就已经损失了20亿美元。换句话说，优步在中国的地位就像Lyft在美国的地位一样。中国的高管很担心，于是开始试探卡兰尼克的忍耐底线。卡兰尼克的确可以鼓舞人心，但是他的热情是有条件的。他说："只要我们提供的服务能比滴滴更高效，我就愿意投入更多的钱。"这里的效率是指司机每次运送乘客花费的时间，而不是乘客等车的时间。"但如果优步比滴滴差很多，那么这里面就有大问题了。"值得注意的是，他说一些优步的投资者在研究了公司的财务状况后，告诉他滴滴比优步效率高得多。"我一定会就效率问题再三检查确认的。"他提议要用一种不失尊严的方式结束这场战争。"即使他们能因为效率更高而打败我们，但至少我们还能拿到银牌"，话里暗含只要有利可图，屈居第二也不是那么糟糕。"我们会接受这样的结果，但我们必须有志于力争金牌，才能拿到银牌。"

两年前，优步不仅没定下在中国市场夺金的目标，甚至都没表现得像个竞争者。从一开始，卡兰尼克的目标就是全世界，公司快速扩展到欧洲、拉丁美洲、东南亚和印度的主要城市就是有力证明。2013年春天，优步开始在中国考察，8月在上海"软着陆"，它低调地推广服务，凭乘客口口相传宣传开来。2014年2月，公司开始在上海、广州和深圳三座城市提供豪华轿车服务。到了秋天，便推出了"人民优步"服务，相当于中国版的

UberX，是由非专职司机驾驶的非商业车。

比起它在世界其他地区的争强好胜，优步在中国市场早期的动作温和多了。2014 年 9 月，一场面向创业公司的会议在旧金山举行。其间，卡兰尼克在采访中表示，中国市场潜力巨大，只是仍待开发，虽然并不被看好，优步仍想试着啃下这块硬骨头。他指出，中国有 200 多个城市的人口超过 100 万。有两家公司正在进行激烈角逐，一家是由互联网巨头腾讯支持的滴滴，另一家则是由其竞争对手阿里巴巴支持的快的。两家公司每年投入的补贴都高达数亿美元。卡兰尼克很庆幸优步没有蹚那道浑水。他说：“这场激烈的竞争有趣极了，但对我而言，最棒的是躲在一旁作壁上观。”

卡兰尼克认为，面对中国这场旗鼓相当的比赛，优步刚好可以坐在前排看好戏。两家公司都想借助投资方的力量赢得竞争。例如，快的打车利用了阿里巴巴非常受欢迎的手机端支付宝服务给乘客发放福利。同样，滴滴也利用了腾讯的微信平台。然而，这两家公司都专注于出租车市场，这样一来，优步就可以自由施展叫车服务战略，不受任何阻力。“小公司也可以做大公司做不到的事情。”卡兰尼克说道，话里充满怀旧的意味，仿佛唤起了他的创业情愫，甚至听起来有点神往，毕竟在其他国家的市场优步才是那个“大公司”。“目前我们规模实在是太小了，因此进军中国市场也不需要投入太多的资金。目前公司正致力于拼车业务，我们需要弄清楚怎么样才能顺利推广。”

在中国，优步后来的发展表明，其摊子铺得不小，同时效益也不高。事实证明，中国的竞争对手很擅长浏览国际新闻头条，进而了解优步在全球的收益。很快，双方就有了比彼此竞争更重大的目标——联合起来对抗优步。2015 年 2 月，在优步正式推出豪华轿车服务满一年之后，滴滴和快的打车进行战略合并，共同并入了滴滴创始人程维的旗下。（他们选择在情人节那一天宣布合并，在中国这是一种流行的营销手段。）程维在阿里巴巴集团已经升职，他从一开始就知道如何与优步较量。他聘请高盛集团的银行家柳青为董事长和国际首席发言人，西方人都熟悉她的英文名 Jean Liu。柳青是联想电脑创始人、亿万富翁柳传志的女儿，能讲一口流利的英语。她从此开始帮助程维联络华尔街和西方媒体，这是对抗优步的两个关键要素。

优步和滴滴尽管背靠不同的文化，核心产品也有所差异，但双方还是有很多相似之处。两家公司的领导者（卡兰尼克和程维）都是对事业兢兢业业的企业家，而且都刚刚担任公司高层。像优步一样，滴滴的名字也没有具体意义，“滴”是手机接到通知的提示音。（“出行”二字则是合并后程维加上的。）像优步一样，滴滴也一直在徘徊，尝试各种可能提高业务量的边缘服务。

其中一项服务是试驾，允许用户试驾他们想要购买的特定车型。不同于优步的是，滴滴和 Lyft 一样，允许乘客给司机小费，这点颇受司机喜爱。滴滴也是颇为好斗，这种个性特拉维斯·卡兰尼克并不陌生。滴滴深知，百度一举成为中国的互联网搜索巨头，并不是真的因为服务最佳，而是因为谷歌的退出。不过，滴滴强调它不会依靠地方保护政策，而是通过和优步正面交锋取胜。

事实上，就像优步在美国宣传的那样，滴滴在中国宣传时也强调了类似的优势，比如规模庞大而服务高效、司机数量更多、服务种类更丰富。和优步一样，滴滴也利用公司规模尝试不同的业务，从拼车到类似公交的固定线路服务。柳青说：“我们像是在跨栏。”她指的是滴滴正面临多重障碍。她还说：“我们最了解的就是中国市场，因为这是我们的地盘。”

滴滴最聪明的防卫策略大概就是在优步的主场向其发起攻势。2015 年 9 月，滴滴给 Lyft（优步在美国的主要竞争对手）投资了 1 亿美元。接着，两个月之后，滴滴又和印度的 Ola 以及东南亚的 GrabTaxi（优步的另外两个竞争对手）签署了合作协议。媒体很快给这个由滴滴领头的团体冠上“反优步联盟”的名字，联盟成员承诺彼此联合，让用户可以享受完美的乘车体验。（优步作为美国出租车市场领头羊，能够让游客在异国他乡也享受到服务，这是公司服务的重大卖点。）滴滴在公开场合把自己的做法和航空公司代码共享进行类比，说这一切是为了给客户提供便利，而不是为了打败优步。当被问及联盟有何目标时，柳青说："我们更倾向用'伙伴关系'这个词来形容彼此之间的合作，而不是'联盟'。"她这样说确实没什么毛病，但这不是滴滴的主要目标。滴滴深知投资 Lyft 会增大优步在美国的运营成本，从而逐渐削弱对方在中国的力量，在世界范围"结盟"反对优步只不过是额外的获利。优步已经从滴滴那里嗅到了硝烟的味道，后者已然准备好大举进攻，打持久战。王刚是滴滴的创始人兼投资人，正如他后来在接受《彭博商业周刊》采访时说的："他们揪掉我们一缕头发也好，我们扯住他们一撮胡须也罢，这些都不是真的想置对方于死地。大家只是想为自己赢得今后讨价还价的权利。"

2016 年 5 月，滴滴和优步之间的竞争进入白热化阶段，滴滴甚至拿到了苹果公司 10 亿美元的投资。这个智能手机兼电脑制造商在中国业务规模巨大，因而有充足的理由能在中国交到朋友。苹果的这一动作让卡兰尼克大为震惊。在苹果投资滴滴之前，卡兰尼克和苹果的许多资深高管见过面，当时对方完全没有暗示会这样做。与此同时，优步在中国的亏损报告出炉了，数据表明优步已经在两年内烧掉了 10 亿美元。在 6 月份杭州举行的会议上，卡兰尼克告诉中国的高管，优步想要赢得胜利只有两条路可走：一是比滴滴更高效，二是等滴滴把钱烧光。这两条路似乎都走不通。

到 2016 年夏天，优步的中国市场成了卡兰尼克最头疼的事。作为优步中国的代理首席执行官，他经常在结束旧金山事务后过几个小时与北京高管召开电话会议。同年 6 月，世界经济论坛邀请卡兰尼克在天津举办的新领军者会议上担任联合主席。该会议旨在表彰企业新秀，因此又被称为“夏季达沃斯”。这个会议勾起了卡兰尼克对往事的回忆。10 年前，他受邀参加达沃斯，当时他感触颇深，因为在会议上几乎可以同各国元首零距离接触。他回忆道：“我还记得当时和肯尼亚总统一起在雪中散步，感觉酷极了，真的。”现如今在天津，他跟几个商界领袖一起见到了李克强总理，李总理素来以通晓科学技术并鼓励创业而闻名。

卡兰尼克是中国及其领导人的忠实粉丝。他觉得中国人都是实用主义者，相信总有一个“最合适的选择”能带来胜利。这也是他经营优步的理念，“最合适的选择”胜过感性。卡兰尼克也知道优步即将失去中国市场。事实上，即使他在公开场合表达过自己对于公司的雄心壮志，私下里也和中国的管理人员谈论了优步的业务，但他手下的得力交易人埃米尔·迈克尔已经开始同滴滴进行“停战”谈判，制定优步退出竞争的协议。可即便如此，他还是强撑门面。毕竟，交易难免会有落空的时候。当卡兰尼克前往杭州与各高管会面时，他的副手们讨论了在他的中国名片上应该印什么头衔。最后，他们决定写上“战士—哲人—先驱”。

他知道是时候放弃了。8月1日，优步中国宣布把中国的业务出售给滴滴，作为回报，公司将获得滴滴17.7%的股权。考虑到之前的亏损，合并条款对优步十分有利。公司在中国投资了大约20亿美元——这是运营中损失的钱——但与滴滴合并后公司市值高达60亿美元。滴滴还会在优步的全球业务中投资10亿美元，并且两家公司都会有代表在对方的董事会里列席，只是没有投票权。卡兰尼克在一篇博文中承认，中国的市场太大，优步征服不了，说话的语气就像是位即将下台的政客。他还写道：“然而，通过做企业家我学到的一点是，成功不仅要靠头脑，还应顺从内心。”这句话后来被广泛引用。他解释道，优步必须退出，这是为了双方的利益着想。

所以，就像卡兰尼克钦佩的中国的政治家一样，他自己也做出了务实的决定，拿好钱，退出竞争。这个“银牌”证明，优步在中国，不是中国版的阿维斯（Avis）之于滴滴的赫兹

(Hertz)。[1] 即使没拿到金牌，卡兰尼克也感觉自己输得光荣。能在中国市场占股，他很满意。同时，他也希望，这个强劲的竞争对手别再找优步的麻烦。

---

① 阿维斯与赫兹齐名，是美国两家最大的供旅客租车自己驾驶的出租汽车公司。——译者注

Wild

12

对未来下注

卡兰尼克很清楚这一点，即“公司创始人兼总裁要想成功，必须是浑蛋”。他反对这种看法，但所谓的“反对”也不过是不痴迷于此而已。

Ride

时值2016年7月中旬，时针已指向晚上7点30分，但旧金山夏日的骄阳仍然普照大地。我准时抵达优步公司总部，准备跟卡兰尼克进行一番长谈。此次谈话预计两个小时。在这个点儿工作，对我来说不大正常，但卡兰尼克和他的团队早已习以为常。跳脱出创业、颠覆性创造以及创新等领域，也就是我眼中的“实体”经济圈，这样的夜晚人们往往会在酒店度过，举办家庭聚会或是公司给报销的商务晚宴。但是，对于旧金山的顶级企业家而言，夜半时分，工作才刚刚开始。程序员的生物钟向来是晚睡晚起。对于卡兰尼克而言，这时候就适合进行更深入的交流，适合反省，说白了还是工作。

看到办公室里零零散散的几个人，我多少有些吃惊，毕竟优步的工作可是出了名的“加班加点”。正值盛夏，年轻一点的员工也许都出去放松享受了。但还有一种可能，那就是经历了5年多毫不停歇的极速飞驰之后，优步的节奏终于缓和下来。掌握优步节奏的正是卡兰尼克本人。再过几天他将迎来自己的40岁生日，但他还过着年轻企业家每天缺不了“激浪”饮料的生活方式。多年来，他一直维持着一段稳定的感情关系，但绝不迈进婚姻殿堂的大门。他曾和在科技公司兼职的小提琴手盖比·霍尔茨沃斯约会，这段感情跨越了他整整15年的青年时期。许多朋友透露，不工作的时候，卡兰尼克还挺宅的，但他之于优步的忠诚度，任何情感关系都无法匹敌。有报纸曝光说两人已经分手。女方脸谱网主页上之前被广为转发的众多两人合照也很快被“闪删”。

分手当晚，卡兰尼克能做的毫无疑问就是工作。他稍微晚到了几分钟，而我已在此等候。在楼道尽头有一处隐蔽的角落，放了些卡兰尼克自己的衣物，还摆了未来优步总部的建筑模型，具体位置就在使命湾（Mission Bay）旁的一个小镇上，而金州勇士队正打算在街对面新建一座体育场，总部预计在2018年投入使用。卡兰尼克的办公场所其实并不大，位于公司四楼主办公区的一角，一张开放式办公桌，很低调，完全没有大排场。

经过一年多对卡兰尼克、他过去创办的公司以及优步的深入考察，我深知采访要灵活多变：他喜欢无拘无束，至少要营造出一种自然的感觉。来中国前一个月我就他的职业生涯略作采访，后来我们商定继续这一话题，除此之外，我们再未提前探讨过其他采访事宜。卡兰尼克告诉我，要是我愿意打破惯例，听取他的意见的话，采访开始前想给我看点东西。寒暄过后，他说，“好了，现在有两个选择，咱们可以去那儿”，指向旁边的一间会议室，专门用于私人交谈，“不过我可能会一直走来走去，或者咱们可以出去走一走”。

我意识到，这两个选择无非是，要么让卡兰尼克做回自己，要么使出浑身解数从他嘴里套出尽可能多的信息。最后，我还是选了散步。

我俩都拿上夹克外套准备去室外走一走（在旧金山，即便是炎热的7月，夜晚也有些清冷）。出门之前，卡兰尼克邀我先参观了一下优步的办公室。卡兰尼克的看法跟其他亲力亲为的总裁一样——优步的办公室不仅反映了公司的价值观和期许，还是他本人个性的延伸。史蒂夫·乔布斯就是这么做的。去世前6个月，乔布斯坐在家里客厅的沙发上，骄傲地向我展示苹果新总部园区的一系列建筑图纸。可惜的是，他在有生之年没能目睹总部建成。几个月后，他亲自同树艺师商议，两人最后选定在新总部四周栽种杏树。跟乔布斯当年重返苹果进行二次奋斗时的年龄相比，卡兰尼克没小几岁，他谈到，了解了优步的工作空间就等于了解了公司。显然，了解了优步，也就了解了卡兰尼克本人。

卡兰尼克问我："你知道建造城市始于何时吗？四处全都是干净的线条。城市就像是加工出来的产品。所以，这就是干净的线条。"我们拥有五大品牌支柱：脚踏实地、平民主义、鼓舞人心、高度演化，以及高贵庄严。这恰是优步的个性所在。我俩站在办公桌旁，俯瞰优步办公室的神经中枢。通过安检，再走入员工办公地点，访客便会看到一排排相邻的办公桌。当卡兰尼克重复这些品牌支柱（脚踏实地、平民主义、鼓舞人心、高度演化，以及高贵庄严）的时候，我频频点头表示认可。不过我并没有完全理解这些说法的含义。不管卡兰尼克怎么热心地解释个中含义，这些词汇于我还是略显生涩。其中，脚踏实地意指实用性。优步正是终极意义上实用性的代名词：利用科技把人们从一处送往另一处。而卡兰尼克赋予了脚踏实地新的寓意，他解释说："脚踏实地就像音调，整个概念类似于功能性直线。所有的会议室都以城市命名，并按字母排序，确实很实用。"

至于优步的另一个品牌支柱高贵庄严，卡兰尼克举了另一个例子，他指着会议室的天花板，称它能起到吸音效果。对于安静，卡兰尼克有着偏执的追求："我不喜欢声音，受不了噪声。"他自豪地向我介绍了建筑材料 K-13，说这种材料就达到了他的要求。“即使整层楼有800人，这种噪声消除材料也足以让周围安静下来，所以我不必大声说话。”他一边说着，一边不断降低自己的音量，最后轻声细语得甚至有点让人尴尬，“而你依旧能听得清”。

不远处是一条走廊，夹在办公桌和内墙之间。卡兰尼克让我低头看一下，我发现混凝土地板上刻有一个复杂的图案，由一系列线条相交构成。他说：“这是旧金山的电网图案，层层叠叠刻上去的，我叫它‘道路’。”平常的工作日，他就是在这里一边打电话一边来回走。“白天，你一般会在这儿看见我，一周下来，我能走45英里。”这就很脚踏实地，说白了就是接地气，不过也说明要管理优步就得不怕麻烦，反复打磨每一处细节。同样崇高的还有优步对总部所在地的抱负——希望改善整座城市的居民的生活质量。

我还从中体会到，卡兰尼克甘愿耗费大量时间，去钻研看起来很浅显又细枝末节的问题。举个例子，卡兰尼克会花上数个小时，只为向《连线》（*Wired*）杂志解释自己耗费数月重新设计的优步的logo，而当时公司还面临更严峻的危机。面对优步这份看似神秘又业务量惊人的工作，我倒没见到他有多投入，也没见识他一头扎进工作中去的热心。

我们随后走到4楼参观。卡兰尼克向我展示了名为“纽约市”的会议室。正是在这间会议室内，优步敲定了一笔高达 12 亿美元的筹资交易，随后，公司就搬入了市场街办公。他自豪地告诉我：“这是第一笔 10 亿美元级的筹资交易，公司上下都兴奋不已”。我们乘电梯来到 11 楼。在这里，卡兰尼克设计了一种简约的环境——干墙暴露在外，办公桌也小于正常尺寸——以此模仿创业环境。“99% 的企业家都不会像马克·扎克伯格那样一帆风顺，困难挫折总是在所难免。我称这里为洞穴，因为当人身处困境时，周围往往暗黑无光，这地方恰恰很暗。这是个隐喻。”我又问卡兰尼克屋子里的桌子是不是在向杰夫·贝佐斯致敬。贝佐斯当年创业的时候，曾让手下用门板做桌子。卡兰尼克回复：“没什么关系。我只是在向自己致敬，就像在说，我曾体验过做企业家的感觉。”

5 楼有几间会议室是用科幻小说命名的。卡兰尼克对科幻经典著作如数家珍，就像一位喜欢研究美国内战的人能够脱口而出一连串重大战役一样。一间会议室以艾萨克·阿西莫夫的“基地”系列命名，另一间的名字来源于《火星救援》，还有一间用《安德的游戏》命名。卡兰尼克解释道：“书里主要讲了一个小男孩经过部队训练玩电子游戏的故事，里面的电子游戏特别复杂。但是小男孩到最后才发现，自己玩的游戏其实是真枪实战。”他赞叹科幻主题经过了“高度演化”，具有未来性。优步就十分痴迷于未来。继续参观，我们走到中心区域，这片区域的设计意图让人联想到意大利广场。通向这里的走廊故意设计得让人感觉方向错乱。在卡兰尼克看来，迷失方向并非坏事。“如果你住在这附近，自然就知道这些走廊通向何处。”这个版本正是他针对大众设计的。“但是，如果你只是来参观的，就会迷路。所以根据这点，就能判断谁住在这儿，谁是来参观的。”至于鼓舞人心这一品牌支柱，我俩倒从未开诚布公地探讨过。原因大概是对卡兰尼克而言，这片专门定制、独特无比的总部办公室，无论哪儿都很鼓舞人心吧。说实话，K-13 材质的天花板、电子游戏，还有意大利广场，这三者是如何在优步融为一体的，我实在搞不懂。不过话说回来，一些设计可能本来也没打算让人弄懂。

最后，我们绕过卡兰尼克的办公桌，穿过他的秘密出口，走了一段楼梯径直离开了大楼，踏上优步总部门外的街道。他告诉我，他打算一路沿着横穿市中心的主干道市场街，走到内河码头，再从内河码头去游客众多的渔人码头，然后去金门大桥。尽管落日的余晖仍照亮大地，但气温在不断降低。卡兰尼克这个典型的洛杉矶人根本无法忍受旧金山的气候。他说，“任何一个洛杉矶人都会为这里的天气苦恼不堪。这就是为什么我有时会回洛杉矶度周末，单纯为了享受阳光和沙滩”。卡兰尼克似乎在想事情。一路上，他不断提到形形色色的见闻，做一下点评。比如，我提到，最近没怎么听到 Square 公司（由推特创始人杰克·多尔西领导的支付公司，现与优步在同一栋大楼办公）的消息。尽管优步是一家私营企业，而 Square 是一家上市公司，但 Square 相对而言低调极了。卡兰尼克想了一会儿，说道："那样的状态于我们而言简直太奢侈了。"接着，我们谈起了卡兰尼克的创业史，其中就包括他当初为 Red Swoosh 筹集资金时那孤注一掷的经历。我们一路走到了多数时间都是车水马龙、熙熙攘攘，有时不免有点脏乱的市场街。卡兰尼克向我介绍 Red Swoosh 一处老旧的办公室，还有他们工程师团队常常见面的一个小餐馆。此时，身旁一辆消防车鸣笛而过，卡兰尼克一直说个不停。

在内河码头，蜿蜒的街道夹在海湾大桥和金门大桥之间，一路延伸到滨海一侧。我们走到那儿，已是日落时分。一路闲聊下来，卡兰尼克讲了优步创立之初的故事，还跟我分享了融资的逸事。我问他，散步的时候会不会被别人认出来。他回答，只要我们在交谈，并且身在室外，就不会被认出来。我们深入探讨了卡兰尼克监管优步融资的具体细节，包括那笔关键的融资，最后让公司在私募市场的估值达到近 700 亿美元。

经过渔人码头，我们进了汉堡店 In-N-Out，这是南加州一家标志性的快餐连锁店，也是卡兰尼克的最爱。彼时，我们的话题转向了无人车，卡兰尼克暗示优步即将有大动作，但还不能透露过多。他说自己已经习惯于夏夜在这段6英里的行程中漫步，而In-N-Out汉堡店是必经之处，而且，经常与他同行的还有另一个人，只不过他没提。我后来得知，这个人就是安东尼·莱万多斯基，他曾在谷歌担任无人驾驶汽车工程师，后来创建了无人驾驶卡车公司Otto。这次散步后没几周，优步就收购了Otto。卡兰尼克告诉我，他利用与莱万多斯基一起散步的契机，了解了无人驾驶的技术和商业前景。

在跟卡兰尼克谈论了这么多的创业经历之后，我想知道，面对优步规模更大、运营更成熟的现状，卡兰尼克有何感想。从他的回答中不难看出，他并不愿意让人这样看待优步。虽然没法认识公司里的每一个人，但他仍然愿意花上几个小时，与申请高级职位的人面对面交流。卡兰尼克向我解释，正式聘用某名员工前，他喜欢先模拟一番与对方一起工作的场景。我问他是否享受运作一家大公司的感觉。“在我的管理之下，你不会感觉优步规模有多大。”卡兰尼克重提他最喜欢的一个比喻：把工作的每一天都看作一系列亟待解决的问题。显然，他不仅把自己当作首席执行官，还是首席问题终结者。

规模庞大显然不是什么好事，尤其对他这种企业家而言，毕竟之前没有这种经历。“我想说的是，如果总想让人感觉公司规模不大，就需要开发某些企业机制和文化价值，尽量让员工感觉公司不大。只有这样，才能持续创新和不断发展。但企业规模处于不同阶段，处理方法也就不太一样。举个例子，公司规模特别小的时候，只需要借助‘部落知识’就能实现快速发展。可一旦规模发展得特别大之后，只依靠‘部落知识’，公司怕是会一片混乱，发展速度自然就变得特别慢。所以你要做的就是不断地在秩序和混乱之间寻求临界点。”

所有成熟公司都会经历这样一个阶段——公司的员工不再是以工作为中心的单身年轻人。我继续发问，你认为应该怎样过渡好这个阶段呢。他说：“我把这个阶段叫作警戒线，开车的时候，可以速度很快。但你总得有警戒线。每个人都有自己的警戒线。你想不断接近这条线，从而考验引擎的潜力如何。结果很可能是，你发现发掘出的引擎潜能超出想象。你不能一直游离于警戒线之外。另外，每个人也都要有个人的警戒线。”他指出，现在已经有很多“优步宝宝”。相比没有孩子、时间更宽松的员工，为人父母的员工效率往往更高。卡兰尼克期望员工在工作与生活中找好平衡，但这也有一定限度。“谁的工作效率更高，谁升职就越快，就是这样，毋庸置疑。”

走了三个多小时之后，夜色更深，天也更冷了。我忽然想起就在谈话的这会儿，唐纳德·特朗普正在克利夫兰接受共和党提名。这一边，我们正回顾优步的过去，讨论公司的现在，并展望未来；另一边，特朗普正向全美人民宣告“我自己就能解决问题”。虽然全美上下当晚也许都在关注电视台的直播，但我和卡兰尼克的交流却没涉及任何政治话题。

我们又走到了玛丽娜·格林公园附近，这是毗邻湾区延伸而出的一块陆地，旧金山的第一处飞机场于1920年在此建成。散步到这里，我们的交流深入到了个人问题层面。我们开始探讨外界对卡兰尼克和优步的看法。我们头几次见面聊这本书时，他主动提起了自己两年前写给我的那封“警告信”，告诫我如果我不经他合作而擅自出书，他就会给我颜色看。我们转而又讨论了优步形象的转换历程，如何从媒体宠儿沦为媒体口中的恶棍。在这个过程中，卡兰尼克近乎是在一旁煽风点火，自己化身“恶棍”，让形势急转直下。他把这些行为叫作“傲慢瞬间”，称自己也会提出挑衅的观点，比如写给我的邮件里的激烈言辞，再比如把出租车司机和浑蛋相提并论。我问他会不会在意他人的看法。他回答道：“当然了。无论是对优步、对我自己，还是对我的谈话对象，这都不是好事，似乎对谁都不太好。”

卡兰尼克不善于掩饰自己这种防卫的架势或是心中的懊恼。他把自己时而激愤的原因归于“激烈地追求真相”。不顾他人感受，直言不讳，这样的人往往会遭到尖锐的批评。其实，卡兰尼克不是个例。史蒂夫·乔布斯、杰夫·贝佐斯，还有跟卡兰尼克同时代的埃隆·马斯克都是如此。卡兰尼克听过一种说法，即“公司创始人兼总裁要想成功，必须是浑蛋”。他反对这种看法，但所谓的反对不过是不痴迷于此而已。他说：“我认为这个问题的确存在。”随即将话题从普世观点转移到自己身上。“‘他是个浑蛋吗？’你已经跟我谈了这么长时间，自然会有人问你，‘他是个浑蛋吗？’”

工程师出身的卡兰尼克，很希望这个问题能有一个合理的答案。我则表示，这个问题见仁见智，与事实无关。他却不这么看。“有些人喜欢凭臆想来推断事情的真实性，比如我刺激了某些人的神经，会不会让他们脑补出一些我压根儿没做过的事？或者说，我是个浑蛋吗？我真的很想知道。”他接着说道，“我觉得我不是浑蛋，而且我很确定。”但我好奇他是否在意别人的看法。“我的意思是，如果你想追求真相，那么真相就是你所想所求的东西。而如果你相信某件事并非如此，那你自然会想探究到底。我就是这么个人。”

卡兰尼克可能听不到他一直渴求的真相。这次散步后几周，《纽约》杂志刊发了一篇专访布兰德里·图斯克的文章。这位受访者是政治事务顾问，曾经在多次监管斗争中为优步提供咨询服务。谈及自己愿意出于合理的缘由而接受“某些指责”的时候，图斯克把自己比作卡兰尼克。图斯克说："卡兰尼克知道，成大事者，免不了会得罪很多人。"文章的作者接着问图斯克，卡兰尼克是不是浑蛋，并记下他的反应。"他犹豫了一下。'我们的谈话没有被录音吧？'我告诉他没有。'他不是浑蛋。'"2017年初，有一段记录卡兰尼克训斥优步司机的视频在网上疯传。一时间，关于"浑蛋"的问题终于有了定论。卡兰尼克公开表示，这次风波过后，他认识到自己应该尽快"长大"。但说这话的卡兰尼克已经是"奔五"的人了。"年轻"已经不足以为他的鲁莽行为开脱了。

走了这么久之后，卡兰尼克略感寒冷和疲惫。他提了两个建议，要么继续走到金门大桥（可能还得走半个小时），要么叫辆车返回优步办公室。其实我也感觉又冷又累，但我还是让他来选。他说："我想我们还是叫辆车吧。"

他拿出手机，用优步叫了辆车。我们在车内继续交流，没过几分钟，司机就意识到，后座的这位"特拉维斯"（所有优步司机都能看到乘客的名字）是优步总裁。

司机：你是特拉维斯吗？

卡兰尼克：是的。伙计，你好啊。

司机：我还从来没有见过你呢。

卡兰尼克：是啊，是啊。

司机：伙计，你好吗?

卡兰尼克：我很好，很好。

司机：真不敢相信。

卡兰尼克：你怎么知道是我?

司机：我刚看了后视镜一眼，感觉你很面熟。老天！我竟然和总裁在一起。

卡兰尼克：很高兴认识你。

司机：谢谢。

卡兰尼克：你开优步多久了?

司机：有一年了，大约一年零两个月。

卡兰尼克：你以前是做什么的?

司机：我原本只是兼职开车，因为我住在旧金山，平日里花销大些。

卡兰尼克：那肯定。

司机：后来我被之前的单位解雇了，所以我现在全职开优步。

两人接下来的对话和普通的优步司机与乘客的闲聊无异。然后，出现了转折。这位司机说，他以前的单位是美国电话电报公司，16年来在技术支持岗位工作，最近刚刚被裁掉。

卡兰尼克问他，对于现在的弹性工作时间有没有感到“激动不已”。司机表示，自己确实喜欢工作时间能灵活一些，但要是钱挣得再多些就更好了。卡兰尼克试图告诉他，优步为司机提供了很多“多赚一笔”的途径。就在这时，气氛发生了微妙的变化。司机抱怨道：“你们在技术支持方面做得真不怎么样。”卡兰尼克回应：“确实如此，我正在解决这个问题。”他请司机给他几个月时间来解决问题。

一看到对方服了软，司机开始吐槽更多，简直滔滔不绝……司机本人就曾在技术支持岗位工作，后来遭到裁员。他问到优步的技术支持是不是外包到国外了。卡兰尼克告诉他：“有些技术确实是外包到国外的，但这不是问题的关键。当然，我很抱歉，问题会很快得到解决的。”司机还抱怨自己没有收到优步的电邮和短信，保证他有足够工作时长——这是公司为那些希望依靠优步谋生的司机提供的奖励。卡兰尼克坐在后座向他保证一定会发这封邮件，这让司机高兴不已。“酷极了。我当时给他们发邮件的时候，他们都不会说英语，也不知道我在说些什么。我都快写成一本书了，因为我写了好多好多页。”接着，司机又向卡兰尼克检举了某些司机滥用规则的行为。比如，许多司机筛选叫车请求，从而避开不中意的目的地，比如远郊。两人还你一言我一语地争论在旧金山以外的其他城市实行提价政策是好是坏，卡兰尼克认为优步司机可以从中大捞一把，而司机也坚持认为这不能成为大家纷纷指责优步的理由。

我们下车的时候，已经将近夜里 11 点了。卡兰尼克保证会持续跟进司机提出的问题。（夜里 11 点 07 分，他转发给我一封内部回信，发信人是芝加哥的一位高级社区运营经理，他承诺自己会调查清楚相关问题。后来，我问卡兰尼克，要是当晚我不在，他是否会对司机做出同样的承诺。他问道：“你知道我为了回复司机的反馈，要发多少电子邮件和短信吗？优步产品经理的反应通常都是，‘哦，伙计，我们马上处理’。”不过这都是卡兰尼克和另一位司机对峙的视频在网上疯传之前的事情了。）我们在优步大楼的入口下车，刚好是早先离开时的那一侧。轿车没有多做停留。我们刚打开车门，司机就接到了附近的一个订单，接着便疾驰离开寻找乘客去了。

2016 年接近尾声，优步未来的发展成为众人关注的焦点。公司原本一团糟的财务状况没有任何好转的迹象，因此，放弃中国市场，也勉强算是优步迈出的重要一步。优步过去的财务盈余一点点消耗殆尽，整体形势十分复杂。公司在 2016 年第三季度损失了 800 万美元，好在全年净收入有望达到 60 亿美元。面对这些数据，观察员和投资者毫无头绪，不知道未来的盈亏状况如何。公司给司机补贴，给乘客注册奖金，研发投入，这一系列的支出让他们怀疑优步到底能做什么样的业务。一直以来，竞争对手也是优步的心头大患。由通用汽车投资的 Lyft 每月连续亏损 5000 万美元，但在 2017 年初，Lyft 发誓要再抢占 100 个美国城市的市场份额。曾吹嘘自己从司机那里拿得不多的拼车公司 Juno，更扬言要扩张到纽约以外。

卡兰尼克招聘人才不成问题，但是能否留住人才就是另一回事了。2016 年秋，他聘请杰夫 · 琼斯作为新的营销主管来管理拼车业务。赖安 · 格雷夫斯再次退居二线，给新人腾出位置。结果琼斯只待了 6 个月。卡兰尼克还招聘了一些有名气的员工，请来了出版商兼作家阿里安娜 · 霍芬顿当主管。卡兰尼克坚信以霍芬顿的高情商可以胜任这一职位。随后，在 2017 年初，优步聘请了之前在谷歌工作过的顶级工程师阿米特 · 辛哈尔，让他担任工程高级副总裁。卡兰尼克向来鼓吹招贤纳才十分重要。然而，有传闻说辛哈尔之所以退出谷歌是因为性骚扰他人，而且还向优步隐瞒了此事。这件事浮出水面不久，辛哈尔就离开了优步。（当然辛哈尔否认自己性骚扰过别人。）辛哈尔离职后没几天，首席发展官爱德 · 贝克也不辞而别。接着，卡兰尼克宣布要聘请一名首席运营官，这样一来，等于是质疑杰夫 · 琼斯的角色，于是杰夫也辞职了。

尽管规模不小，可由于优步在业务实践上还不够灵活，因此公司仍未褪去少年的青涩。2016年初，据《纽约时报》报道，一位优步主管保证公司永远不会允许收小费的行为发生，但没过几个月就食言了，公司默许司机摆出标示收取小费。优步还承诺，不论乘客多么不情愿，公司也绝不放弃提价机制。然而在2016年中，公司转而开发了另一种系统，乘客在乘车之前就能知道整个行程的价格。该系统既保留了动态定价的方法，又不至于让乘客没面子，毕竟动态价格有时比正常价格高几倍。

优步的表现也从侧面反映出其野心不减。2016年10月下旬，顶级产品主管杰夫·霍登发布了长达99页的白皮书，专门研究优步的飞行汽车等黑科技。他把这个项目称为“优步飞的”（Uber Elevate）。开头写道：“想象一下，从旧金山海港区到圣荷塞市中心上班，原本要花两个小时，现在只需要15分钟。”接着，文章展望了未来构建一个垂直起飞和着陆的汽车网站的愿景，并阐述了构建这种汽车网所需的基础设施，详尽分析了“市场可行性障碍”。文章投稿人和审稿人名单中共17人，其中包括美国宇航局、佐治亚理工学院和麻省理工学院的科学家。要不是因为这些专业的信息，文章更像是愚人节的玩笑。审稿人之一马克·摩尔已经在美国宇航局工作了30年。2017年初，他加入优步从事全职工作，担任航空工程主管。无论优步还有何不足之处，可以肯定的是，它已经把天空视为发展的终极目标。

2016年夏天，我和卡兰尼克还有几位来自北京的优步高管一道，乘私人飞机去往杭州。杭州临海，也紧邻上海，阿里巴巴总部就设于此，因此这里是中国互联网商务至关重要的商业枢纽。卡兰尼克即将与优步高管在中国见面，并将参加一场由马云主持的会议。脱离繁忙的事务，卡兰尼克非常放松。在停机坪等飞机起飞时，卡兰尼克不禁思索，优步在私人飞行方面的投入实在太少（这架飞机原本是用来载卡兰尼克去韩国出庭的，只不过后来出庭取消了）。私人飞机的话题勾起了大家的回忆，当年在爱达荷州太阳谷，投资银行艾伦公司每年都会主办媒体发布会。在拥有私人飞机的媒体巨头之间，该公司很受欢迎。卡兰尼克只去过一次，而且对于自己没有再度受邀十分恼火，这点很出乎我的意料。毕竟，我们刚参加完由他联合主持的世界经济论坛，在那里他还和中国总理见过面，想不到他竟然会因为没有受到艾伦公司的邀请而纠结。他开了个玩笑，称自己打算给乘坐优步参会的人发一条欢迎短信："真心愿您度过愉快的一周……麻烦提醒一下艾伦公司的人，让他们记得邀请我。"

尽管卡兰尼克宣称自己坚决基于事实，信奉实用主义，但他最喜欢的事莫过于反复推敲新创意——越古怪越好。他咨询了首席交易商兼筹资人埃米尔·迈克尔，问他如果没有投资银行家，优步还能否上市。迈克尔是律师出身，他倒建议优步反向收购，具体就是指私人公司通过收购低劣的上市公司而登陆股市，这种收购方式仍备受争议。卡兰尼克提议不雇用银行家，而是把本来付给银行家那 3% 的资金用于慈善。我提议把这笔钱给司机，卡兰尼克听后一下子兴奋起来。他说希望司机也能享有股权，新秀 Juno 公司已经着手于此，但是优步发现相关的证券法的内容很复杂。

飞机一起飞，卡兰尼克就陷入沉思。他说自己一直以来都希望做一名调查记者，这个梦想源于他读过的一本关于柬埔寨政治动荡的报道选集。他说，记者这一“梦想中的工作”需要他的这种正义感。他甚至还构思好了一个调查项目：我俩去孟买待 6 个月，住在贫民窟，把这段经历撰写下来。他说：“我要留长头发，身着不同服饰，彻底融入当地民众。”（我对他表示，我担心自己的家庭状况，难以去做这个项目。他回应道：“那我们就等你女儿大些再去。”）

过了很久，我才知道这一方面是卡兰尼克自娱自乐的方式，另外也在一定程度上反映了他认真的一面。他总是不懈地追求，是个梦想家。无论是深受政治动荡影响的柬埔寨人民，还是孟买贫民窟居民不幸的遭遇，都很可能触动他，可是在自己的家乡旧金山，他却没能为无家可归的人做些什么。他的想法确实令人兴奋，但也有点让人费解。他总喜欢天马行空。他曾跟我谈到建立一个新的媒体公司，委托记者写故事，但有权否决发表。我们就此进行了激烈争论，我列举了方方面面的理由，想说服他这行不通。他却顽固不化，坚持认为这种商业模式大有可为。我们谁也没能说服谁，不过这并没有影响我俩的关系。

每个人都对优步颇有微词，就像5年前对苹果颇有微词一样。一次派对上，有位朋友拉我过去说话，想跟我分享他最近搭乘优步的经历，当时我正在写这本书。他住在旧金山北部的马林县郊区，优步司机一般不愿接这样的单子。单方面说，如果行程超过30英里，接单确实可以小赚一笔，可他一输入目的地（郊区），司机往往都会拒绝接单——这样做其实有违同优步达成的协议。而司机这样做，是因为空车返程的概率很大。此外，相比里程数，优步鼓励更多的载客次数，并给予奖励。远途北上马林县，可能会浪费一个小时，但最后也就算一次行程。

这位朋友最近一次返程是在深夜，从东海岸飞回旧金山国际机场。几经碰壁后，终于有人接单，司机是个“疯子似的俄罗斯人”，他跟我朋友斗着嘴，一路飙车。我的朋友开玩笑说，活着去见他的孩子对他来说比回家更重要。在司机一再无视他的请求之后，他便要求在金门大桥的路边下车，而这时距他家还有很远的一段路。他向优步投诉了司机的行为，几个小时后，优步回了信息以表同情，这倒令他喜出望外。但是彼时彼处，他却身处窘境，一个人杵在路边，不知身在何方。夜很深了，他只想回家。他做了什么？只不过用优步打了个车而已。“一般这种情况发生后他们的想法是：优步确实让人恼火，但我离不开它，毕竟这是唯一能叫来司机、找到车并载我回家的软件了。”

你对优步的看法往往取决于坐了什么样的车子。2016年初，优步的核心员工队伍——通晓多国语言的外来移民来纽约后多半是当出租车司机——集体抗议优步的恶劣待遇。对此，《纽约时报》做了犀利的评论，指责卡兰尼克做事粗鲁。《时代》周刊也写道：“优步处理这个事件时就像在用脚趾头思考问题。”祸不单行，司机在纽约分部外闹完罢工的第二天，《连线》杂志针对优步的新logo发表了一篇长达3000字的专文。文中讽刺道，这是科技世界里一个不走心的研究：卡兰尼克先生对数百名移民员工在互联网上的狂喷视而不见，却花了两年心血捣鼓色彩方案和字距调整。

实际上，这些正是卡兰尼克和他的伙伴们一直在思考的。从弱冠到而立，他花了大部分心血想打破成规，寻求突破。但他想达到的新境界其实是一个虚幻的世界，就像是乌兹别克斯坦人的生活和纽约皇后区的生活那样，差之千里。

事实上，尽管卡兰尼克不太愿意承认受到影响，但是沉迷于设计logo的字距正是过去苹果公司史蒂夫·乔布斯的风格，后者还因此备受尊敬。卡兰尼克从未见过乔布斯本人，但硅谷的人都能对乔布斯的事迹如数家珍。乔布斯这个人如果不把每个字的字体、每个笔画的斜边都做到极臻完美，绝不罢休。乔布斯还很擅长向别人灌输不同的观点，总能说服客户忽视产品缺陷（通常是可以修复的），让他们包容苹果的承包商令人担忧的工作条件。同样，亚马逊的杰夫·贝佐斯也总能巧妙地和各种人化干戈为玉帛，供应商、员工、托运人和其他商家无一例外，只要给消费者提供最低价就行了。

迄今为止，卡兰尼克既没有像乔布斯那样，成功创造出“现实扭曲力场”[①]，也没能说服大部分优步乘客和司机，忽视他麻木无情的言论，并接受他对外毫无同情心的冷酷形象。他和公司该做的事已经够他烦的了：加大投入关照司机情绪，努力修复为客户和司机提供支持的基础设施，试图缓和与高薪聘请的形象顾问之间意见相左的情况。

然而，尽管外界对优步的指责声不绝于耳，公司内部也在孜孜不倦地探寻核心元素，这一切丝毫没有影响到优步独霸全球

---

① 出自电影《星际迷航》，指把骇人的眼神、专注的神情、口若悬河的表述、过人的意志力、扭曲事实以达到目标的迫切愿望，及所形成的视听混淆能力融合在一起，外界经常用此形容乔布斯的强大气场。——译者注

的地位，也没有改变公司作为舆论中心的位置。一次又一次深陷舆论旋涡之中，优步都成了自己坏名声的受害者，而且公司不擅长处理争端。譬如在2017年，美国总统唐纳德·特朗普刚上台的那几天，纽约的出租车司机在约翰·肯尼迪国际机场组织了长达一个小时的罢工，声援因白宫下达旅游禁令而遭拘留的移民。优步通过推特声明，称软件暂停约翰·肯尼迪国际机场的涨价机制，它也会提供帮助，希望缓解因抗议白宫政策给机场附近带来的交通堵塞。然而，批评者认为此举是对出租车司机罢工行为的抵制，于是删除优步应用的话题在社交媒体上广为传播。

此外，另一场看似社交媒体领域的风云事件最终演变成了巨大的商业败局。优步公司不仅因为对移民出租车司机缺乏同情而沦为众矢之的（优步本来就在围剿这些司机），卡兰尼克本人也深陷漩涡——优步的司机、乘客和员工都把火发到了他身上。毕竟，他答应与17位其他企业的高管一起加入总统的咨询委员会。优步纽约分部发布重要推文（有关约翰·肯尼迪国际机场）之前，卡兰尼克在脸谱网上承诺，接下来同总统会见时会反对旅游禁令。紧接着，情况就失控了。一夜之间，抵制优步的怒火在社交媒体上蔓延开来。第二天，也就是2017年1月29日一大早，Lyft就火上浇油，宣布公司在四年内向美国公民自由联盟捐款100万美元。当天晚些时候，优步承诺为受到影响的移民司机提供 300 万美元的辩护资金，这似乎是针对 Lyft 做出的回应。但损失已然酿成，20 多万用户注销了优步账户。这一周的优步全体会议期间，员工甚至直言不讳地表达了对卡兰尼克的不满。卡兰尼克本来就固执得出名，于 2 月 2 日向特朗普咨询委员会辞职。这是继屈服于滴滴中国后，卡兰尼克第二次做出令人震惊的务实决定。

不论务实与否，抑或合理与否，优步和卡兰尼克声誉上的损失已经无法弥补。而且事实已定，尚不知后遗症会持续多久。实际上，卡兰尼克仍是谜一般的存在，他在公司内部的声誉与外界对他的看法截然不同。他愿意听取基层员工的意见反馈，公司职员对此赞不绝口。许多人认为卡兰尼克之所以放弃特朗普咨询委员会的职位，不是源于业务流失，而是员工的愤怒。然而，群众的攻击丝毫没有减退的迹象。删除优步风波才刚平息，另一风波又起，险些将优步吞噬：群众纷纷指责优步对女性工程师遭受性骚扰的指控视而不见。

面对层出不穷的争议和媒体的关注，优步不再是原来那个优步了。短短几年时间，它就颠覆了世界各地消费者的出行方式。其间，无数乘客和司机对优步的态度起起伏伏：从刚开始的新鲜激动，到心生隔阂，再到后来的基本满意。优步充分利用现有技术发展业务，给其他无数初创企业树立了榜样。即便如此，优步的未来仍充满不确定性：令人艳羡，但又不那么讨人喜爱；虽有市场，但也有竞争对手等着看它的笑话。公司大胆地给未来下注，却又充分了解个中风险——要想对付一个更聪明或资金更充足的竞争对手，自己在风险资本财富和市场领导力方面的优势或许还差点火候。

在跟卡兰尼克的最后一次交谈中，我提到了亚历山大·汉密尔顿，我记得林–曼努埃尔·米兰达创作并参演的音乐剧《汉密尔顿》在百老汇爆红之前，卡兰尼克就对这位第一任美国财政部长很感兴趣。我问卡兰尼克，为什么第一次读罗恩·谢尔写的传记时就那么喜欢汉密尔顿？他说："原因有很多。那个年代，他也算是个企业家。只不过他创建的不是公司，而是一个国家。他身处中心位置。美国要是没有他，现在怕是另一番模样。他是哲学家，也是行动派，身上还有很多了不起的品质。他对未来的看法，让我思考良多。从许多方面来说，美国已实践了他的所思所想。我认为正是由于他的远见，美国才成了如此伟大的国家。"汉密尔顿不懂适时缄口，所以树敌很多。我很好奇，汉密尔顿在一定程度上遭受了巨大的非议，卡兰尼克是否在这一点上有点像他。卡兰尼克说："是的。汉密尔顿确实遭到了很多非议。优步也是如此。我们喜欢说，'为真理而奋斗，不要浑浑噩噩'。他只是做了自己认为正确的事情。把想法付诸实践，做一件非常与众不同的事情时，自然会冒出很多反对你的声音。忍一下，习惯了就好了。”卡兰尼克既是哲学家，又是行动派。在许多人眼中，他就是个浑球，可他自己却不这么想。这个男人怕是永远也习惯不了反对者的声音。毕竟，成长之路总少不了荆棘。